〈世界500强高效管理笔记〉

用纪律和
制度说话

王湘棣 ◎ 著

中国商业出版社

图书在版编目（CIP）数据

用纪律和制度说话 / 王湘棣著 . — 北京：中国商业出版社，2018.7

（世界500强高效管理笔记）

ISBN 978-7-5208-0426-4

Ⅰ. ①用… Ⅱ. ①王… Ⅲ. ①企业管理 Ⅳ. ①F272

中国版本图书馆CIP数据核字（2018）第131634号

责任编辑：唐伟荣

中国商业出版社出版发行

010-63180647　www.c-cbook.com

（100053　北京广安门内报国寺1号）

新华书店经销

北京彩虹伟业印刷有限公司印刷

*

710×1000毫米　1/16　15.5印张　210千字

2018年8月第1版　　2018年8月第1次印刷

定价：48.00元

* * *

（如有印装质量问题可更换）

前　言

在英国剑桥大学，有一位著名的校长，他治校有方，培养出了很多闻名天下的学生。有人问他：为何能把学校经营得这样好？他回答说："我一般都用一条鞭子来惩治那些不听话、不上进的学生，并且奖罚严明。"他还说，如果给他一把手枪，会把学校管理得更好，培养出更多的好学生。

这个故事的深刻寓意不言自明，它提醒每一位管理者：只有有了科学的制度并严格执行，才能把公司治理好，增强工作效率。"一条鞭子"就是能够严格执行合理制度的代名词。对任何一个公司来说，都需要这样"一条鞭子"来实现优化管理。

知名的快餐公司肯德基，自创建以来始终长盛不衰，其奥秘就在于拥有严格而有效的管理制度。通过制度管理约束每一个员工，建立起严格的执行标准，确保公司在有序运营的基础上实现了高标准的产品定制和服务提升。

现实的残酷竞争让许多管理者意识到"标准"的重要性，并努力成为行业规则和标准的制定者。正所谓"三流公司卖产品，二流公司卖品牌，一流公司卖标准"，通过制度设计实现标准化运作，是许多领导制胜的法宝。

许多公司之所能成为行业内的佼佼者，与他们严格的管理制度是分不开的。昔日的微软、联想、华为，也都是普通的小公司，而如今它们已成为全球知名的跨国公司，靠的就是完备的制度化管理。世界500强企业之所以能高效运营，都离不开科学、严格的制度设计与纪律管束。制度设计合理、运作有效，才能实现团队内部高效运转、员工士气高昂、业务蒸蒸日上。显然，只有健全完善合理的制度，才能使公司实现规范有效的管理；只有不断完善的制度，才能让管理走向规范化。从而让管理者从繁琐的事务中解放出来，为领导和员工提供最大的创造空间。

需要明确的是，构想再伟大，制度再完美，离开强大的执行力也会成为水中月、镜中花。许多公司都制定了成套的规章制度，但是都流于"口号管理"，目标没有落实到具体的计划上，更没有订立赏罚标准，于是良性的管理也就无从谈起了。现实中，有多少野心勃勃的公司在筹划好制度之后却不了了之，又有多少公司守着完美的制度而走向破产。这方面的惨痛教训可谓触目惊心。

星巴克、麦当劳的经营手段和管理制度早就曝光于大庭广众之下，但没有一家同行公司能够与之争高下。原因就在于员工能不折不扣地执行公司的制度。用制度管人，按规章办事，是许多公司成功的秘诀。但是，仅有科学合理的制度还不够，还要借助强大的执行力，抓好各项落实工作，才能建立竞争优势、创造商业奇迹。

总之，任何一项工作、任务的完成，都是抓执行的结果。如果没有执行，再完善的制度也是一纸空文，再正确的政策也不会发挥其应有的作用，再理想的目标也不会实现。当然，执行不只是表现在口头的承诺上，而是应该落实到具体的行动中。本书全面系统地讲解了制度管理的诀窍，帮助经营者提升管理效率与效益，让企业在规范化的道路上发展壮大。

目录

第01章 管理工作重在有法可依

规章制度是管理的法宝　　002
用纪律和制度说话　　005
企业发展离不开好制度　　008
制度激发管理活力　　009
制度让文化落地生根　　011
制定管理制度的原则　　012
制度要以人为本　　014
制定制度的八条戒律　　015
规章制度要与时俱进　　017

第02章 规章制度是组织高效运行的保障

执行问题没有商量的余地　　020
慈不掌兵，义不守财　　023
员工考核一定要实事求是　　025
下令不随便，令出如山倒　　027

制度下以身作则　　　　　　　　　　　　030
公正比公平更重要　　　　　　　　　　　032
提升领导者的决断力　　　　　　　　　　034
有条理是高效完成工作的法宝　　　　　　036
简化组织形式，实施"零管理层"　　　　　039
坚持专业化管理，搭建现代化班子　　　　041

第03章　制度设计要规范，也要抓重点

避免以最高的效率做最没有用的事　　　　046
将复杂管理简单化　　　　　　　　　　　049
打破一成不变的管理模式　　　　　　　　052
借来的火，点亮不了自己的心灵　　　　　054
官僚主义要不得　　　　　　　　　　　　058
拆毁所有阻碍沟通和找出好办法的"高墙"　062
二八法则：重要的多数和烦琐的少数　　　066
让员工拥有弹性的工作计划　　　　　　　069

第04章　制度原则：坚持"情、理、法"并重

凡事务必求得"合理"　　　　　　　　　074
兼"情"顾"理"，点到为止　　　　　　080
宽容对待出错的下属　　　　　　　　　　087
及时化解员工的抱怨　　　　　　　　　　095
一手胡萝卜，一手挥大棒　　　　　　　　101
没有规矩，难以成方圆　　　　　　　　　103
恩威并施，把握分寸　　　　　　　　　　109

适当集权不等于专权独裁　　　　　　　　　　115
赏罚分明：我踢人，但我也拥抱人　　　　　118
用最简单的方式打动人　　　　　　　　　　123

第05章　找到制度化与人性化的结合点

带着关爱去批评　　　　　　　　　　　　　128
委婉地指出下属的错误　　　　　　　　　　129
不要当众斥责下属　　　　　　　　　　　　131
简短有力的批评更有效　　　　　　　　　　133
用"表扬"来批评　　　　　　　　　　　　134
"狠批"勿忘善后　　　　　　　　　　　　136
批评员工讲究方式方法　　　　　　　　　　137
批评需注意的要素　　　　　　　　　　　　138
不要轻易否定下属　　　　　　　　　　　　140
多看优点少看缺点　　　　　　　　　　　　141
巧施容短护短之技　　　　　　　　　　　　143
以广阔胸怀善待反对过自己的人　　　　　　146
巧妙利用下属的缺点　　　　　　　　　　　147
不要轻易接受下属踢回给你的任务　　　　　148
具体问题具体分析，公正处理下属的矛盾　　150

第06章　大力奖赏按制度办事的人

好的制度在于执行　　　　　　　　　　　　154
建立有效的薪酬制度　　　　　　　　　　　156
建立有效的绩效评估制度　　　　　　　　　158

考评要把握好尺度 160
信赏必罚是一种重要的统御权谋 161
量身订做一套合适的奖惩制度 163
建立"热炉"一般的惩处法则 166
建立一个高效的激励系统 167
多一点奖赏，少一些惩罚 171
给员工一些意想不到的奖励 172
善于把发奖金的激励手段用活 174

第07章 制度执行要兼顾"严格"与"灵活"

严格执行制度 178
无情管理，人人平等 178
及时惩处违规行为 180
奖罚制度应分明 181
奖与惩要把握好时机和方式 183
切实将奖惩制度落实到位 186
设法让下属"愉快地"接受处罚 188
一手赏一手罚，两手都要硬 190
切实做到执法严明、不徇私情 193
用共同愿景来刺激员工 197
少说"我"，多说"我们" 203

第08章 良好的制度会引爆员工的潜能

纪律严明胜过一切说教 208
制度到位，责任到人 208

好的制度才能造就好的人才 210
在制度之下,"无为"式管人 212
用制度激发员工的工作热情 214
金钱激励与精神激励相结合 216
将企业与个人目标相结合 218
不同的对象采用不同的激励目标 221
不要一味服从,而要激发团队活力 223

第09章 制度规范:完善的制度成就伟大的公司

建立健全组织机构 226
建立严格的用人制度 228
设计好薪酬制度 231
建立竞争机制 232
坚决抛弃法不责众的思维定式 234
制度好坏决定着结果 236
制度是贯彻执行力的保证 237

第 01 章

管理工作重在有法可依

规章制度是管理的法宝

如果你认为,企业的规章制度纯粹是一种约束和控制,甚至是体现管理的权威,那么,你的思想就有问题了。如果你认为,公司的规章制度是一种全体员工和谐相处的规则,那么你只对了一半。只有清醒地认识到,作为企业主必须比其他所有的员工更加模范地遵守一切规章制度,并且为此毫不动摇,你才具备了承担企业领导职务的基本条件,你的企业才能兴旺发达。

有一个关于"一条鞭子"的故事。

英国古老的剑桥大学有一位著名的校长,他治校有方,培养出了很多闻名天下的学生。有人问他为何能把学校经营得这样好,这位校长说,那是因为他用一条鞭子来惩治那些不听话、不上进的学生,并且奖罚严明。他还说,如果给他一把手枪,他会把学校管理得更好,培养出更多的好学生。

这个故事的大概意思也就是说,只要能以"铁手腕"严格执行既定的规章制度,就一定能治理好学校。这里的"一条鞭子",其实就是严格、严厉、不讲情面的意思。往大了说,不仅管理学校要像这样,要想管理好一个企业也应该像上面例子提到的一样,执行"一条鞭子"的管理政策。

海尔总裁张瑞敏在各种场合讲到海尔的成功历程时,总是不忘提到13条规定,其中包括不准迟到、不准打毛衣、不准在车间内随地大小便……这些在现在看起来很琐碎、细小、简单得令人发笑的规定,确确实实地击中了原海尔员工的要害。通过海尔领导者的严格管理,这13条管理规定得到了切实的执行,使海尔人的工作面貌有了很大的改善,同时在海尔内部树立了"有规必行"的观念,使规章制度不再是"可有可无的摆设"。此后,海尔的管理者又逐步推出各种新的细化规章制度,做到了

"有规可依"。逐渐地，海尔的企业管理由无序转向有序，逐步成为一个有执行力的组织，开始了海尔的辉煌之路。

国有国法，家有家规。公司制定出来的各种规章制度，不能只是纸上谈兵。作为企业的领导者和管理者，你应当用铁面无私的精神来贯彻并执行合理的规章制度，一旦发现有人违反规定，一定要严格处理，绝不手软。

但是，应该清楚，"绝不手软"并不一定是滥施权力、粗暴蛮横地对待员工，以显示自己的威信。对雇员要公道，在处罚时要有充分的根据，它包括解释清楚公司为什么要制定这条规章，为什么要采取这样一个纪律处分，以及希望这个处分产生什么效果。

我们要知道的是，执行任何的规章制度，目的都是为了维护良好的秩序，而不是处罚本身。因此，你应该向你的雇员表示你对他的信任和期望。在对违反规定的员工处罚完以后，要肯定他的价值，以向上的激情去鼓励他，以消除他对处罚的怨恨和郁闷之情。

现实中，也有许多管理者认为"这些规定谁都知道"，我没有必要整天把制度挂在嘴边。但是，新来的雇员，甚至有时有些老雇员，直到自己违反了某项规定，才恍然大悟一般，才知道原来还有这样的规定。因此，加大对制度的学习，也是十分必要的。

当然了，作为企业领导，自己更应该明白以身作则的重要性。如果你没有这样做，那你就是在向其他员工表示，制度只不过是一种摆设。同时，你也不应该不分青红皂白，草率地惩罚或处分员工。在你作出判断之前，甚至是在你做任何事情之前，你必须知道事情的来龙去脉，并要搞清楚员工为什么要这样做，他的动机是什么，等等。

制定出规章不是为了显示纪律严明，而是为了有效地管理和约束员工。当然，并非每次的处罚都要一视同仁，它的意思不是说面对违规行为，采取统一的措施，而是说在相同的环境和条件下，违规行为都要受到同一种惩罚，不能有丝毫的偏颇。

英特尔从创立开始就非常强调"制度"，处处都有清楚的规定，每天早上的上班制度，就是最明显的例证。在英特尔，每天上班时间从早上8点整开始，8:05分以后才报到的就要签名在"英雄榜"上，背负迟到的"罪名"。即使你前天晚上加班到半夜，隔天上班时间仍是上午8点。这和20世纪70年代嬉皮盛行、个人享乐主义凌驾于一切的理念有些背道而驰，可是却延续至今，始终如一。

英特尔整个公司的管理制度都很严明，从制造、工程和财务，甚至行销部门，每件事情都有清楚的规范，人人都以这些规范来作为自己工作的准则。许多公司重视人性管理，以重视员工为口号，只有英特尔强调制度胜于一切，这种注重企业自主管理的经验和方法，使英特尔的企业文化独树一帜。

制定规章制度应注意以下几点。

1. 规章制度的制定不能违法

经常可以见到，在制定规章制度的时候，很多的企业由于对现行法律的不了解和不在乎，导致了与法律的冲突和矛盾，从而不具有法律效力。因此，在对违规员工进行处理的时候，由于没有效力，难以产生作用。而且，由于得不到法律的支持，所定的规章制度不过是一纸空谈。因此，规章制度的内容必须合法。

2. 规章制度要经过民主程序肯定

顺应民主，才能持久。然而，现在大多数企业在制定规章制度的时候，往往只是几个高层领导者或者董事会的成员制定实施。但我国法律规定：企业的规章制度应该通过民主大会的形式，经民意代表同意，并且多数员工通过，才具有效力。

3. 规章制度应该及时修改、补充

市场不断变化，形势也在不断变化。因此，企业的规章制度应该不断地修正和改定，只有不断地推陈出新，制定适合当时情形下的法规，定期或不定期地检查，及时修改、补充相关内容，才能保证制度和规章的合理性、时效性。千万不能认为把规章制度制定好以后便万事大吉。

要把企业运作好，管理者需要建立一套完善的制度。制度设计合理、运作有效，企业高效运转，员工士气高昂，事业才能蒸蒸日上。所以，及早建立一套合理的制度至关重要。

用纪律和制度说话

要管理，人们就需要依据一些原则，也就是说，需要依据一些被接受、被论证过的道理。法规代表了某个时期的这些道理的总和。

纪律和制度是组织成功的保障。任何没有制度的管人手段，可以说都是不起作用的。说话不灵，做事就无效。纪律和制度的制定是组织中全体成员行为一致的前提和基础。所以，要想让组织有统一的行为，组织的领导者首先需要做的工作就是"建章立制"，确定游戏规则。

纪律对任何组织来说都是胜利的保证。每个企业都不可避免地会有一些棘手的问题，例如，员工抗命、联合起来对抗总裁或要挟领导、不愿与某同事协调合作、醉心于工作外的事情、纷纷请调或离职等等。这些问题都是和人有关的，往往发生一两件，就使人感到头痛和焦虑。因此，在企业的经营管理过程中一定要有严明的纪律。

20 世纪 70 年代，日本伊藤洋货行的董事长伊藤突然解雇了业绩赫赫的岸信一雄。这在日本商界引起了一次震动，就连舆论界都用轻蔑尖刻的口吻批评伊藤。

人们都为岸信一雄打抱不平，指责伊藤过河拆桥，将三顾茅庐请来的一雄给解雇了，是因为他的东西全部被榨光了，已没有利用价值。在舆论的攻击下，伊藤却理直气壮地反驳道："纪律和秩序是我的企业的生命，不守纪律的人一定要处以重罚，即使会因此减低战斗力也在所不惜。"

那么，事件的真相到底是怎样的呢？

岸信一雄是由"东食公司"跳槽到伊藤洋货行的。伊藤洋货行是以衣料买卖起家的，所以，食品部门比较弱。因此，伊藤才会从"东食公司"挖来一雄。有能力、有干劲的一雄来到伊藤洋货行，宛如是为伊藤洋货行注入了一剂催化剂。

事实上，一雄的表现也相当好，贡献很大，十年来将业绩提升数十倍，使得伊藤洋货行的食品部门呈现一片蓬勃的景象。

但从一开始，一雄和伊藤间的工作态度和对经营销售方面的观念就呈现出极大的不同，随着岁月的增加裂痕愈来愈深。一雄是属于开放型的，非常重视对外开拓，常支用交际费，对部下也放任自流，这和伊藤的管理方式迥然不同。

伊藤走的是传统、保守型的路线，一切以顾客为先，不太与批发商、零售商们交际、应酬，对员工的要求十分严格，要他们彻底发挥自身的能力，以严密的组织作为经营的基础。这样的伊藤当然无法接受一雄豪迈粗犷的做法，伊藤因此要求一雄改善工作态度，按照伊藤洋货行的经营方法去做。

但一雄依然按照自己的做法去做，而且业绩达到水准以上，甚至有飞跃性的增长。他说："一切都这么好，证明这条路线没错，为什么要改？"

如此，双方意见的分歧愈来愈严重，终于到了不可收拾的地步，伊藤只好下定决心将一雄解雇。

这件事情虽然从人情方面说不过去，但是，却关系到企业的存亡。对于最重视秩序、纪律的伊藤而言，食品部门的业绩固然持续上升，但是他却无法容忍不遵守纪律的现象。因为这会关系到整个企业的管理，会毁掉伊藤辛辛苦苦建立起来的基业。从企业纪律的角度来看，伊藤的做法是正确的。

这个例子告诉我们：企业必须把纪律放在重要位置。

对于大部分员工来说，自我约束是最好的纪律，他们应清楚理解纪律本身的意义——即保护他们自己的切身利益。所以领导者不必亲自出面严明纪律，当需要强制实施惩罚时既是领导者的错误，也是员工的错误。正是因为这个原因，一名领导者应该在其他的努力不能奏效的情况下才借助于纪律惩罚，尤其应该澄清的是，纪律不是领导者显示权威和权力的工具。

员工们的许多不良表现都会成为进行纪律惩罚的原因。对于一般的违纪行为，它们的形式和性质都不会有太多的不同，不同的只是它们的程度。人们常常会忍受一些轻微违反标准或规定的行为，但当违反了大纪或屡教不改时就需要立刻采取明确的纪律惩戒。人们违反纪律会有很多原因，大多数是因为不能很好地调整适应。导致这些后果的个人性格特点包括马虎大意、缺乏合作的精神、懒惰、不诚实、灰心丧气，等等。所以，领导者的工作是帮助员工做好自我调整，如果领导者是个明辨事理的人，他会真诚地关心员工，使员工在工作的同时享受到更多的乐趣，逐渐减少自己的违纪行为。如果员工面对的是一位一天到晚拉长着脸、讲话怪声怪气、动辄以惩罚别人为乐趣的无聊的领导者时，找一些迟到早退的借口，逃离关系紧张的工作环境，还会是出人意料的吗？

纪律的英文单词 discipline 还有一个意思是训练。可以这么说，好的纪律可以训练员工良好的工作习惯和个人修养，而当一名员工已经具有了过人的自制力和明辨是非的判断能力的时候，纪律对于他个人来说，可以被视为是不存在的。纪律的真正目的正是在于鼓励员工达到既定的工作标准。

"国有国法，家有家规"。一句话道出了纪律对于组织、单位的重要性。但纪律的制定一定要在结合现实情况的同时，顺应时代的发展，切不可固步自封。否则，将无法起到约束人、管好人的作用。

管理者应该把纪律视为一种培训形式。那些遵守纪律的人理应受到表扬、提升；而那些违反了纪律或达不到工作标准的人理应受到惩罚。要让他们清楚自己的行为是错误的，并且认识到正确的表现和行为应该是怎样的。

企业发展离不开好制度

关于如何经营企业，如何管理企业中的人，以及成功的企业最需要什么样的素质问题，也许不同的人有不同的回答。比如，有人强调要有创新精神的企业家，还有人看重充足的资金和高素质的人才，等等。这些各有侧重的看法无疑都是有道理的，也是企业发展所不可或缺的，但都只是些硬件的要求。而对于软件的呢？制度的因素不可忽视。

因为，毕竟企业是关于人的组织，而人的复杂多样的价值取向和行为特质，要求企业必须营造出有利于共同理念和精神价值观形成的制度环境，并约束、规范、整合人的行为，使其达成目的的一致性，最终有助于企业共同利益的实现。因此，我们可以说，制度是企业能否成功的一个至关重要的因素。现实生活中大多数成功企业的经验表明，企业成功离不开好制度。

首先，现代企业制度在本质上要求现代企业必须是"管理科学"的，科学的现代企业管理是促进企业经济技术进步，增强竞争实力，赢得国际市场的一个迫切而重要的前提。所以必须具备科学的企业制度，来指导和规范现代企业生产、管理上的工作。

其次，制度也是保证员工活动有序进行的必要条件。现代化的社会大生产极其复杂，分工协作极为密切，因此企业必须严密地设计并实现供产销的衔接、人财物的合理分配、各种信息的传递反馈以及人之间按照程序的分工协作，明确职责。还要建立人与机器、工具、材料之间的合理组合关系。这就要求企业建立起严格的、配套的规章制度，对企业内部各组织、各部门和所有岗位的职责范围、工作程序和工作标准以及协调要求作出明确的规定。做到"事事有人管，人人有专责，办事有程序，工作有标准"。只有这样，才能保证企业生产经营活动有条不紊地进行，并取得良好的经济效益。

最后，制度降低了企业内部的运行费用。科学的制度并不是由人们的主观愿望而随意制定的，它是人们根据科学管理与员工利益相一致的原则而制定的，是人们对生产经营的实践经验的总结，具有科学性。特别是经济责任制的推行，把企业经营者对其所有者应承担的责任，企业内部各组织、各部门直到每个岗位和每个人的责任、权力、利益落实下来，把劳动成果与报酬相联系，调动了员工的积极性、创造性和责任感。

科学的管理制度可以降低企业许多内部交易费用，增强企业凝聚力，提高企业经济效益。明晰、科学的管理制度，减少了企业内部的不确定性，从而使得企业内部的交易费用大大降低，各部门、各成员之间协作更为紧密。

可以说，制定执行一套行之有效的企业管理制度是实现现代企业管理科学化的必经之路。进行科学管理，就必须依据现代企业管理的一般理论原则，结合本地和本企业的具体情况，制定一套行之有效的企业管理制度，这是企业生产、管理得以顺利进行的重要条件。

制度激发管理活力

一个企业、一个部门可能有成千上万个职工，管理者不可能认识每一个职工，也不可能亲自来激励、监督每一个员工。那么，管理者凭什么来管理成千上万的员工，让所有的员工围绕企业的战略转呢？唯一的答案就是制度！好的企业一定有一个好的制度，管理最终要靠制度来保障！丽珠医药集团公司就是靠制度来优化管理，激发活力，从而带来高速增长的一个典型范例。

1985年，丽珠创建，当年赢利120万元。从1985年至1991年，丽珠经营额和利润连年翻番，工业总产值增长14倍，自有资产增长20倍，成为全国医药行业50家最佳经济效益企业的第4位。

丽珠上至集团公司下至各下属厂，所有部门，已经建立起一种全新的管理制度和运行机制。例如，丽珠人没有固定工资，每个人的工资都同其当月的经济效益挂钩。同是公司的各个厂，有的厂长一个月可拿到上千元，而有的厂长只拿三四百元，是因为各厂的经济效益不同。到丽珠工作，不看你原来是什么级别、什么官衔，而是量才适用，唯才是用。有一位工程师，来了之后是中层干部，但是几年从几个岗位锻练下来，证明缺乏能力，于是一降再降，后来做一般的工作人员。在丽珠，上至厂长，下至本科生，都是聘用的，没有铁交椅，形成一种平等竞争、奋发向上的企业氛围。

另外，丽珠尊重知识，尊重人才，而且建立了一套对科技人员实行政策倾斜的制度，给他们创造一个安心工作的宽松和谐的环境。对有重大贡献的科技人员实行重奖。只1990年、1991年这两年，就已经给开发丽珠得乐的科技人员发放奖励80多万元。在这里，助工以上的科研人员可以分到三房一厅居室。为了帮助他们更新知识，丽珠送科技人员到国外培训。重奖科技人员，在丽珠已经形成共识。

最后，丽珠还形成了一个开发推广新技术，促进科技成果商品化、产业化的有效机制。科、工、贸自成一体，环环相接，步步促进。在新产品向商品化、产业化转移的过程中，各部门密切配合，共同协力开拓，从而打开了市场。

从丽珠的实例我们可以看到，有了一套适合企业或者部门的制度，就能激发管理活力，形成一个有利于员工发展的环境，就能激发员工动力，为企业发展作出更大贡献。

制度让文化落地生根

一个成功的企业一定要有优秀而独到的企业文化，它是一种力量，对企业兴衰将发挥着越来越重要的作用，甚至是关键性的作用。世界500强企业能够做到技术创新、管理创新，往往离不开它的巨大助力。而企业文化的构建离不开制度这一载体！

在企业文化研究中，人们对"文化与制度"的认识经常陷入一种误区：或把二者对立起来，或者分不清二者在企业管理中的地位与作用。其实，制度也是一种文化，它更多地强调外在的监督与控制，是企业倡导的"文化底限"，即要求员工必须做到的。

制度有形，看得见摸得着，它往往以各种规章、责任制、标准、纪律、指标等形式表现出来；文化无形，它存在于人的头脑中，是一种精神状态，往往通过有形的事物、活动反映和折射出来。但两者却是水乳交融，不可分割的，有形的制度中渗透着文化，无形的文化通过有形的制度载体得以体现。

在企业管理中，制度的制定与执行得到广大员工的认可即可形成企业文化。因此，在企业中管理者要想形成什么样的企业文化，则可根据需要建立什么样的企业制度，通过企业制度的制定与执行形成自己独特的企业文化；虽然制度具有一定的强制性，但是不合理的制度在执行过程中会遇到更多的困扰，不容易坚持下去，即使能够得以贯彻执行，也是阳奉阴违，不能使员工心服口服。而良好的规章制度在执行过程中会更容易得到广大员工的认同，可以在企业中得到切实推行，自然而然会形成良好的企业文化，反过来，良好的企业文化也会推动好制度的进一步执行，在企业中形成良性循环。

同时，文化优劣或主流文化的认同度也决定着制度的成本。当企业倡导的优秀文化且主流文化认同度高时，企业制度成本就低；当企业倡导的文化适应性差且主流文化认同度低时，企业的制度成本则高。由于制度是外在约束，当制度文化尚未形成时，在没有监督的情况下，员工就可能"越轨"或不能按要求去做，其成本自然就高；当制度文化形成以后，人们自觉从事工作，制度成本就会大大降低，尤其当超越制度的文化形成时，制度成本就会更低。企业的制度文化是企业行为文化得以贯彻的保证。企业职工生产、学习、娱乐、生活等方面直接发生联系的行为文化建设如何，企业经营作风是否具有活力、是否严谨，精神风貌是否高昂，人际关系是否和谐，职工文明程度是否得到提高等，无不与制度的保障作用有关。

由此可见，制度与文化二者是互动的。当管理者认为某种文化需要倡导时，他可能通过培养典型的形式，也可能通过开展活动的形式来推动和传播。但要把倡导的新文化渗透到管理过程之中，变成人们的自觉行动，制度则是最好的载体之一，也就是说制度让文化落地生根。

制定管理制度的原则

制度是企业运营的法规性保障，没有制度的企业很难想象会乱成个什么样子。可现实中我们见到的制度要么是过于繁琐了，要么是过于呆板了。

一部完善的制度应该反映在两方面：一是适合企业实际，二是最大程度激发集体的创造潜能。比如某公司人力资源总监辛辛苦苦终于制定出一本厚厚的制度规章，可就是执行不下去，员工都不买账，原因就是不适合企业实际。

做到第一方面其实不是件容易的事，想做到第二方面更难！首先要明白，制度不仅仅是约束性的东西，也必须是有激励作用的。中国人都不喜欢被人管，即便你管他也得表现出来是在帮他、拉他，这样才能让他对你心服口服。管理上的策略是这样，制度制定上也同样如此。所以企业制度的制定要从以下几方面出发综合研究，才能适合企业实际并能激发集体的创造力。

1. 与企业发展阶段的适应性

在不同的发展阶段，企业会面临不同的阶段性任务，相应地就不可避免的要应对不同的问题。制度这时的作用就是保障企业在这个阶段的运营，圆满地完成阶段性任务。例如在成长阶段的企业中大多强调销售，这时的制度应该偏重销售方面，"能抓住老鼠的猫就是好猫"，而其他的某方面则应该包容；而在发展已经成熟的企业中，更加注重整体协调，所以制度就必须考虑全局，注重综合治理。

2. 与企业资源的适应性

制度的功能之一就是不断促进企业资源的完善，而不是无谓消耗资源。比如，当企业处于人才缺乏时期的时候，就不能让人因为制度罚走了、吓走了。

3. 充分考虑到市场因素

每个企业因自身业务组合、主力业务及赢利模式等的差异会形成不同的作业流程。制度在这里的任务就是充分保障作业流程的顺利实施，不要让一线工作人员常常抱怨：领取某物料要签 N 个字……也就是制定制度要充分考虑，这样定出来的制度才不会成为效率的绊脚石，而将促进效益的提升。

4. 服务于员工的理念

中国人是最不服管的，所以你不能讲你是管他的人，你只能讲你是帮他、拉他的人，他有什么困难都可以找你。制定制度是一样的，要确立服务员工的理念。

5. 共同制定

要发动所有员工对制度的建设献计献策。直接跟员工讲让他们提意见他们是不会理会的，这种心态很普遍：你搞吧，你搞出来了我们再否定。所以不能直接跟他们讲提意见，而应该采取一些策略探测他们的内心。

6. 有罚必有奖

如果企业制度罚太多而基本找不到奖的，那么很可能一些人在看着这些"不公平条约"的同时就想着如何找个新工作离开了。

7. 奖罚手段创新

很多企业的制度里面到处都是钱：罚××元，奖××元。这并不好，会让员工觉得就是种金钱交易。不妨变种方式，那样会让人感到新奇、有兴趣，而且只要变到点子上，比单纯金钱手段更有用。那么怎样变到点子上呢？员工不想做、不愿做的是什么，不想失去的是什么，这些就是罚的点，当然一定要是合理的；员工想做、愿做的是什么，想得到的是什么，这些就是奖的点，当然也必须是合理的。

制度要以人为本

以人为本，这是很多企业所提倡的，但很多企业未必能做好，制定制度的时候，特别是制定罚则的时候，最容易偏离了这个方向。制度首先是大家要做到的，做不到的不要制定。如果说连制定制度的人都做不到，反要别人去做到，这就是说制度缺乏人性化。

一般地说，作为本职工作必须做到的，而且是能够做到的，这样制定出来的制度才能有效地执行，而且处罚也能得到执行。

比方说，业务人员参加会议时，一般要求业务人员将手机关闭或处于静音振动状态，这是所有业务人员都能做到的。一旦会议中出现手机响声，罚款100元也能得到执行。再加上会议主持人在会前宣布这项纪律，具有提示作用，因此，做不好就是业务人员本身的问题了，执行罚款大家便没有任何异议。但是，如果在会议期间，禁止业务人员去洗手间或不准饮茶，那就不是以人为本了。

再比方说，业务人员在市场上必须用出差地固定电话向公司报到，本省每天一次或外省二天一次，这是可以做到的。因为，现在的业务人员出差基本不存在一天不能到达出差地的情况。违者，不报销期间差旅费用也合乎情理。

在制定制度时，还有个问题要注意到，有些事项如果执行人员作假，而管理者其实很难作出准确判断，这样的事项最好的办法就是模糊管理或不管理。比方说，业务人员市内交通费的管理就属于这样的范畴，你很难准确判断交通票据与出差办事之间的真实关系。但业务人员在出差期间难免要花费这项费用，因此，简单的办法就是在出差期间给于每天5元的交通补助。

能够做到但没有意义的事项或者增加太多成本的事项，这样的制度就属于另外的问题，与人性化没有关系，但这样的制度就要认真考虑是否必要了。

比方说，让业务人员每月反映经销商库存状况，否则每缺少一户处以100元的处罚。每个月反映库存状况，对于农药行业来讲，因为淡旺季比较明显，虽然能够做到，但却增加了管理的成本，便可以在旺季如5～9月份要求做到，而在其他时间则无需管理。

制定管理制度应该要坚持为员工服务的宗旨，在保障公司利益的同时，也要保证员工身心健康，方便员工工作生活，要尊重以人为本的原则，这样的制度员工才乐意遵守，管理也就更方便了。

制定制度的八条戒律

企业规章制度是组织管理现代化企业的重要手段，这一手段运用得好坏直接影响到企业的生存与发展。同时会直接关系到企业的经济效益。如何避免制度管理的失误，不妨牢记制定管理制度的八条戒律，或许会从中受到启示。

一戒草率从事。

没有考虑全面就草草定出一份管理规章，执行起来也难免问题多多。

二戒抵触法规。

有的规章制度条文与现行政策、法令和政府的规定相抵触，自行失效。当然，企业在改革中有些新的规章制度超越于现行政策界线，但有利于发展生产和保证国家利益，则另当别论。

三戒自相矛盾。

上下条文不衔接、自相矛盾，使企业内的此规定与彼规定相冲突，让人无所适从。

四戒咬文嚼字。

文字冗长，语言生硬，含意不清，令人无法领会。比如某企业的《安全守则》中有这样一条："在禁区内不得燃烧可燃物或促使致燃之器具"，其实，只需"禁区内严禁烟火"七个字就可概括其意。

五戒舍本逐末。

列举大量无关紧要的条文，"喧宾夺主"，降低了重要条文的分量，细枝末节的条文过多，不便记忆，当然会影响执行。

六戒违背常理。

过于苛严，大都难以做到，惩罚措施过火，职工动辄得咎，导致抗拒心理。

七戒不切实际。

过于细密，实际执行中难以落实，或执行起来反而降低效率；而条文过宽，又起不到约束作用。

八戒形同虚设。

定而不用，对违规者不按规定处理，姑息纵容或在执行中因人而异、亲疏有别，会导致制度自行废除，成为一纸空文。

规章制度要与时俱进

制度的创建要根据企业的发展情况而定，所以当企业发展变化时，制度也不能一成不变。

一位年轻有为的炮兵军官上任伊始，到下属部队视察操练情况。他在几个部队发现了相同的情况：在操练中，总有一名士兵自始至终站在大炮的炮管下面，纹丝不动。军官不解，究其原因，回答：操练条例就是这样要求的。军官回去后反复查阅军事文献，终于发现，长期以来，炮兵的操练条例仍因循非机械化时代的规则。站在炮管下士兵的任务是负责拉住马的缰绳（在那个时代，大炮是由马车运载到前线的），便于在大炮发射后调整由于后坐力产生的距离偏差，减少再次瞄准所需要的时间。现在大炮的自动化和机械化程度很高，已经不再需要这样一个角色了，但操练条例没有及时地调整，因此出现了"不拉马的士兵"。军官的发现使他获得了国防部的嘉奖。

当一个组织所处的外部环境发生较大的变化，就会导致工作流程和方法随之而变，岗位设置与工作思路就应该跟上，否则"不拉马的士兵"就会层出不穷，从而使组织走向瘫痪。

当企业目标、战略调整改变之后，原有的行为规范中可能有些会不适合甚至妨碍战略的实施，对这部分制度要修改或更新。战略变化引起的管理制度的变化主要有两个方面：一方面，产品或服务的经营领域以及市场范围发生变化。不同的产品或服务的经营业务在生产方式、规模、工程技术等方面具有不同的经济技术特点，因而所采用的计划、组织、指挥、控制的管理方法也应不同。另一方面，不同的市场要求采取不同的市场营销组合，营销管理的方式方法也会有所不同。

实现战略目标所采用的战略行动的变化会引起一系列的管理变化。例如，某企业的经营目标是通过提供优质服务来获得差别优势，扩大销售。所使用的方法有：雇用更多的推销员，并为推销员提供更详细的市场信息；要求他们注意收集信息，为生产提供依据；生产部门则按顾客需求组织生产。为此，企业的信息管理系统要调整，生产计划、运输、供货方式等要调整，人员的评价、激励与培训制度也要有所调整。

企业内外的技术进步及经济或社会的创新需要不断完善管理制度。新工艺、新技术有的为企业发展新产品、新服务提供手段，有的如大量流水线生产方式、混合流水线生产技术等则形成新的资源转换方式；电子计算机等则直接为管理提供更有效的手段；分期付款也会使得营销、财务等管理制度发生变化。

某方面的制度变化可能会带来管理制度体系的调整。因为企业管理制度作为一个有机联系的体系，彼此依存，相互影响与制约。

影响企业经营观念和战略的其他因素也会通过观念、战略的调整而直接或间接地影响企业的管理制度。

总之，企业管理制度要适应外部环境和内部条件的变化进行修订、补充和创新。一套优质的规章制度必须与时俱进，必须适应时代的变化，才能发挥管好人的作用。因此，作为一个管理者，必须时刻注意本单位的规则，发现不切实际或不合情理的要及时纠正，不断改革，这一点很重要。可以说，一个好的规章制度，必然是不断发展不断改革着的。这样的规则是活的规则，只有活的规则才有意义。

第 02 章

规章制度是组织高效运行的保障

执行问题没有商量的余地

究竟什么是执行？又该如何执行？

对员工而言，执行就是完成任务的过程。对管理者来说，该如何执行呢？

对管理者而言，执行是一套系统化的运作流程，包括管理者对方法和目标的严密讨论、质疑、坚持不懈地跟进，以及责任的具体落实。它还包括对企业所面临的商业环境作出假设，对组织的能力进行评估，将战略、运营及实施战略的相关人员进行结合，对这些人员及其所在的部门进行协调，以及将奖励与产出相结合。

很多企业管理者都认为，作为企业的管理者，他们不应该屈尊去从事那些具体的工作。这样当领导当然很舒服了：只需要站在一旁，进行一些战略性的思考，用远景目标来激励自己的员工，而把那些无聊的具体工作交给手下的员工们。自然，这种管理工作是每个人都向往的。

管理者本身就需要有一种执行的本能，他必须相信，"除非我能使这个计划真正变成现实，否则我现在做的一切根本没有意义"。因此，管理者必须参与到具体的运营过程中，参与到员工当中。只有这样，才能对企业现状、项目执行、员工状态和生存环境进行全面综合的了解，才能找到执行各阶段的具体情况与预期之间的差距，并进一步对各个方面进行正确而深入的引导。这才是管理者最重要的工作，而且不论组织大小，这些关键工作都不能交付给其他任何人。

举例来说，企业应该以人为本，员工应该是一个企业最重要的核心资产，只有亲身实践的管理者才能真正了解自己的员工，而只有在真正了解自己员工的基础上，一名管理者才能作出正确的判断，正确的判断总是来自于实践和经验。

执行力的意义来源于正确的策略,执行的意义在于把事情做出结果,策略的意义在于做正确的事情。显然策略正确是至关重要的。设计合理的策略流程与营运流程,让策略适合于竞争环境的同时更加适合于执行。这就一方面要求管理者制定策略时,要考虑这是不是一个能够彻底得到执行的策略,另一方面要求管理者要用策略的眼光诠释执行。

好的策略应与执行相匹配。因此,管理者制定策略后也需要参与执行。只有在执行中,才能及时并准确地发现策略目标能否实现,从而可以及时依据执行状况调整策略,这样的策略才可以有效达到目标。有效地执行策略可分为以下几个步骤。

1. 量化愿景

宏大的愿景经常压得人喘不过气来,譬如"成为产业领导者"。有效的愿景应该是,能将企业虚无缥缈的梦想转换成可执行的目标。因此,管理者建立企业愿景的第一步,就是说明企业从甲地走到乙地的明确步骤。例如,5年内营业额从1.5亿美元增长到3亿美元。为了达到这样的营业收入,企业要推出多少新产品?雇用多少员工?这些问题可以驱使管理者思考企业处境,找出该做的事。

2. 用口号传达策略

策略本身是复杂的,但是企业要用简单、直接的口号,传达策略的精髓,将策略融入员工的生活。

3. 规划结果

有些管理者喜欢利用管理工具(如平衡计分卡)来衡量重要指标,作为警讯之用。这个方法的缺点是,若指标显示未达标准,大家便开始慌张,并未与解决问题的执行办法连接。解决这个问题的方式是,把策略衡量方法变为目标承诺,清楚描述在时间限制下,可衡量的特定行动与结果。举例来说,"拓展新市场"可以改为"拓展欧洲市场,第四季能产出500万美元的额外收入",最后再指派一位负责人,全权负责这个策略目标。

4. 规划你不做的事

阻碍策略成功的重要因素是,员工认为新策略是额外的工作。对原本就感到工作繁重不堪的员工来说,只能草草了事。因此,企业策略不应该增加,而是取代,把无须完成的策略取代掉。如此一来,员工做事时也不会失去焦点。

5. 开放策略

过去,策略都只掌握在管理者的手里。开放策略让员工明白,什么工作才符合策略需要。同时,管理者也要将绩效评估的标准与策略结合,否则策略执行最后很容易失败。如此一来,销售人员才会知道,太小的交易不接,以免浪费时间;太大的单子也不能接,因为企业无法胜任。

6. 状况与进度自动化管理

平均而言,中国式领导花在掌控工作进度的时间约是65%,实际上这些宝贵的时间应该花在重要决策上。管理者应该利用网络工具控制工作进度、最新收入状况,以及了解进行的活动是否偏离策略目标等。另外,网络工具能预先控制风险,比如,提醒领导限制网络事业的开支或针对高利润顾客需要推动行销活动。管理者若能掌控这些资讯,就可以省下许多时间。

7. 建立执行与策略之间的良性循环

策略管理就是管理策略执行的程序,包含内部与外部资讯的结合。内部资讯是为了了解哪些活动在轨道上运行,今天有哪些工作是重要的。外部资讯包括产业趋势、对手的动作、经济的走向等。

管理者必须掌握:哪些趋势转变了?这些趋势与企业的策略是否相违背?该采取什么对应措施?只有内部资讯与外部资讯相结合的情况下,策略与执行之间才能良性互动。

慈不掌兵，义不守财

员工最喜欢什么样的管理者？从人的常性角度而言，当然是那些整天笑呵呵、心慈手软的上司，或者是对员工有求必应，掏腰包时决不皱一下眉头的领导。

员工工作时的自由度很高，到领钱的时候又收获颇丰，这样的头儿谁不喜欢？但客观地说，管理者不是幼儿园的阿姨，不能仅仅去讨员工的欢心，更重要的是，要为企业创效益，这才是管理者最大的职责。如果你一味地求慈寻义，只会宠出员工们的怠慢之心，致使整个企业人浮于事，企业的生存与发展又从何谈起？我国有句古语叫做"慈不掌兵，义不守财"，说的就是这个意思。

《孙子兵法》有言："厚而不能使，爱而不能令，乱而不能治，譬若骄子，不可用也。"可见，掌兵不是不能有仁爱之心，而是不宜仁慈过度。如果当严不严、心慈手软，姑息迁就、失之于宽，乃至"不能使""不能令"，当然就不能掌兵。

《左传》记载：孙武去见吴王阖闾，与他谈论带兵打仗之事，说得头头是道。吴王心想："纸上谈兵管什么用，让我来考考他。"便出了个难题，让孙武替他训练姬妃宫女。孙武挑选了一百个宫女，让吴王的两个宠姬担任队长。

孙武将列队练兵的要领讲得清清楚楚，但正式喊口令时，这些女人笑作一堆，乱作一团，谁也不听他的。孙武再次讲解了要领，并要两个队长以身作则。但他一喊口令，宫女们还是满不在乎，两个当队长的宠姬更是笑弯了腰。孙武严厉地说道："这里是演武场，不是王宫；你们现在是军人，不是宫女；我的口令就是军令，不是玩笑。你们不按口令训练，两个队长带头不听指挥，这就是公然违反军法，理当斩首！"说完，便叫武士将两个宠姬杀了。

场上顿时肃静，宫女们吓得谁也不敢出声，当孙武再喊口令时，她们步调整齐，动作规范，真正成了训练有素的军人。

在企业中，像孙武所遇到的这种情况也屡见不鲜。管理者也应该像孙武一样，用一些有力的手段来压住企业自由散漫的风气，让员工对你的权威不敢小视，这样才能有效地管理好员工、管理好企业。

这是"慈不掌兵"，下面再看"义不守财"。

所谓"义不守财"原意是指世上忠义之士好友众多，然好友多则必然重友而轻财，也就是所说的仗义疏财，所以义者不宜守财，也守不住，因为他们不在乎财。

其实朋友多了本是件好事，俗话说"多个朋友多条路"，作为管理者若能把员工像朋友一样对待，好处自然很多。但你也应时刻记住自己的身份，你和员工之间平时可以是朋友，但在企业中的上下级关系却是不容忽略的。作为管理者，你应做的是为企业聚财、守财，而不是慷慨地散财。企业作为一个以赢利为目的的组织，其存在的初衷和最终目的就是要求财，如果你一味地慷慨大方，只能让员工消极怠工，也只会让企业无从发展。

清朝的康熙皇帝是一个以仁义著称的君主，从他对奸臣鳌拜的囚而不杀便可看出来。到了晚年，康熙的这种性格显得越发突出。为了杜绝贪污，他设置了一种制度，即生活贫困的官员可以从国库里借银子，待生活好转后再还给国库。于是许多京官外官就纷纷把国库当成了自家的金库，无论真穷假穷，都向康熙伸手，一"借"就是几万两。康熙也有求必应，慷慨解囊。谁知银子一借便有去无回，致使国库亏空。讨债时，大小官员又"哭穷"，拒绝还钱。以仁义为怀的康熙下不了狠心，只得不了了之，导致康熙末年财政赤字、国库空虚。

康熙帝最终明白了自己的弱点，所以在临终前将皇位传给了以阴狠著称的四阿哥胤禛，即后来的雍正帝。雍正登基后，立即大刀阔斧地整顿吏治，下旨将亏空钱粮各官即行革职追赃，不得留任。后以户部库存亏空银250余万两，令历任堂司官员赔补。雍正元年，被革职抄家的各级官吏就达数十人，其中有很多是三品以上大员。雍正帝利用这种手段，终于弥补了国库的亏空，并且使吏治为之清明，国家富庶，为日后的乾隆盛世奠定了坚实的物质基础。

"慈不掌兵，义不守财"是治军理国的大智慧，也是管理员工、树立威信的大谋略。管理者应该把这句话作为自己的座右铭，让这种意识深刻地印在自己的心中，如此才能管好员工、管理好企业。

员工考核一定要实事求是

人都是有感情的动物，人们在决策时很容易受情感的牵制，这样常常会使得他在评判一个人的时候有失公允。尤其作为一名管理者，在考核员工的时候，一定不能感情用事，以避免不必要的损失。

自古以来，中国就被誉为礼仪之邦。重人情，一直被认为是中国文化最显著的特性之一。人情，有其积极的一面，当然也有其消极的一面。如果一个管理者因为人情关系而不能实事求是地对员工进行考核，那么就会给企业带来很大的损失。

日本西铁百货公司社长尾芳郎与名古屋商工会议所主席土川元夫是老朋友了，由于名古屋商工会议所急需一名管理分部的主任，所以尾芳郎就把自己认为是人才的一个朋友介绍给了他。

但是没有想到名古屋商工会议所主席土川元夫和这个人面谈后，立即告诉尾芳郎说："你介绍来的这个朋友不是个人才，我很难留他。"

尾芳郎听完以后很吃惊，接着有点生气地说："你仅仅和他谈了20分钟左右的话，怎么就知道他不能被留任呢？这种判断太草率，也太武断了吧!"

土川元夫解释说:"首先,你的这个朋友刚和我见面,自己就滔滔不绝地说个没完,根本就不让我插嘴。而我说话的时候,他似听非听,满不在乎,这是他的第一个缺点;其次,他非常乐意宣传他的人事背景,说某某达官贵人是他要好的朋友,另一个名人是他的酒友等,向我表白炫耀,似乎故意让我知道:他不是一个一般的人;最后,在谈业务发展时,他却根本说不出来什么东西,只是跟我瞎扯。你说,这种人怎么能共事呢?"尾芳郎听完土川的话后,认为土川的分析是很有道理的。

就这样,土川元夫没有顾及老朋友的情面,拒绝了他的推荐。后来,经过努力寻找,终于找到了一个真正有才能的人。

无独有偶,也是在日本,索尼公司的总裁盛田昭夫也是本着实事求是的态度,才发现了大贺典雄这个人才。

第二次世界大战结束以后,盛田昭夫与井深大一起成立了东方通讯实验室,后改名索尼公司(SONY取自美式英语中的"SONNY-BOY",意思是"可爱的小家伙")。开始时,公司生产的不过是电饭锅、加热垫一类的东西。但此后不久,他们决定向高新技术产品进军,并很快生产出了日本第一台卷盘式磁带录音机。

当索尼公司在东京大学校园内演示磁带录音机时,在人们的一片喝彩声中,音乐系一个"吵吵嚷嚷"的二年级学生提出了许多关于磁带录音机的实用性和缺点等各种技术问题,这个学生就是大贺典雄。

事后,大贺典雄竟"无礼"地给盛田昭夫写了一封信,直言不讳地告诉盛田:"从一个歌唱家的观点看,你的录音机只是一堆破烂货。"

盛田昭夫并没有因此而记恨他,相反的,却喜欢上了这个直言不讳、敢于批评索尼公司弊端的年轻人。在1953年,他聘用大贺典雄作为公司的特别顾问。

后来,大贺典雄加入了索尼公司,成为索尼录音机商业部的部长,为公司的发展作出了重大的贡献。

　　这里，土川元夫和盛田昭夫给我们作出了榜样，在对员工进行考核时，一定要实事求是：行就是行，不行就是不行。绝不能存有任何的私心偏念，否则，只会给企业带来损失。

　　张平两年前从学校毕业后，来到了先河广告公司的策划部。他属于那种聪明好学、刻苦钻研、能力又非常强的人，因此很快就适应了工作。在做好自己本职工作的同时，他还经常向主管提出一些富有创意的想法。

　　但是，张平的主管并没有因此而赏识他，相反，却十分妒忌他的才能。在工作中，处处压制张平，总是抓住他的一些小毛病不放，真可谓是"吹毛求疵"。

　　两年过去了，当初和张平一块到公司而且能力不如他的同事，一个个都升了职，加了薪，而他却还是一个普通员工。

　　无奈之下，张平只好辞职去了另一家广告公司。在那里，他得到了经理的重视，很快就开始独当一面了。

　　正是由于张平的出色表现，这家广告公司的业务越做越大，和许多企业都建立了合作关系，这其中相当一部分是原来先河广告公司的客户。

　　后来，先河公司老板知道了这件事，一怒之下，辞退了那个"妒贤嫉能"的主管，但是，公司由于失掉张平而遭到的损失却是无法弥补的。

下令不随便，令出如山倒

　　商场如战场，管企业就如同治军。治军讲究为将者要一言九鼎，让士兵感到军令如山，没有讨价还价的余地，这才是一个大将所应有的魄力。在企业中，管理者就是将军，一定要拿出将军的魄力去向员工传达自己的意识，做到下令不随便，令出如山倒。

　　军事作战中，往往就是这种情形：士兵们只要听到军官的命令，就得马上执行，即使前面有刀有枪也要勇往直前，军官实际上就是一名独裁者，他们所下达的命令对士兵们来说就如同圣旨，没有谁敢违抗。因为战争是非常紧张激烈的，丝毫的怠慢和延误都会带来整个军队惨遭覆灭的严重恶果。

在企业管理中，当你为了集体利益而不得不损害你的某位属下的私人利益时，你可以直截了当地命令他，以显示出你的领导威严。举个例子说吧，当你要求司机明天晚上务必把车子开到公司来接你去会谈，而他却打算请假参加一次晚会，在经过你的劝说仍不能生效时，你就应该拿出领导的威严来，直接命令他："明晚七点务必把车开到公司来。"这就是你解决问题最有效的方式——你为了顾全大局，不得不用的命令的方式。

说是这样说，但要注意，该命令时不可犹豫，而不该命令时也不能随便下令。作为一名领导，最忌讳的就是滥发命令。随意施令将会大大损害你的领导威信。这也是命令，那也是命令，不分青红皂白，不辨明暗是非，结果只会使你的下属感到反感，他们就会把你的命令看轻，甚至不屑一顾，不遵照执行，如此，你的威信就会一落千丈。

现代的西方电影当中就时常出现随意滥发命令的老板形象。他们那些不假思索的粗鲁做法，给很多的人造成了极坏的印象。有些管理者觉得那样很气派，所以就竞相模仿，结果可想而知是误入歧途。

有这样一种说法：领导权越大，地位越高的人，越是不会随意发号施令的人。

情况可能就是这样的，因为大领导们知道自己命令的重要性，是不可滥施的；而那些职权并不是很大的小领导们，好像是为了过足领导的瘾，产生一种领导怪癖，到处乱发命令，指挥别人做这做那，走到哪，哪里就会听到他扯着嗓门下命令，要求别人遵照执行，在他所领导的小范围内出尽了风头。这样的领导是兔子尾巴长不了，过不了多久准会垮台。

第 02 章
规章制度是组织高效运行的保障

作为一名管理者,如果习惯于随意滥下命令,那将会造成许多不良后果,只会使用命令来领导别人的人,绝不会成为一名杰出的管理者。这种随便滥用命令的管理者将会失去下属的心,得不到下属的支持和拥护,注定会失败。因为人心向背,是决定一个人成败的关键性因素。如果你的随从者对你说:"既要我们这样做,又要我们那样做,一时东一时西,完全没有一个准确的目标,最后事情办糟了,那可就不是我们的错了。"那么你所领导的集体就不再是一个具有很强凝聚力的坚强的团体,如果每个人都只是按照你的命令行事,那么这个集体就失去了生存的活力,变得停滞、呆板。

一方面,管理者下令不能随便;另一方面,在下达命令后,管理者一定要做到令出如山倒。当你下达命令之后,可能还会有些人故意不听号令,他们或许是性情乖戾的员工,或者是与你同期进企业的同事,也可能是比你年长的员工。这时,不管是什么人,你就必须毫不犹豫地处置他,否则有令不行将是常有的事。

另外,在工作中也要注意,总有一些员工心怀叵测,在你下命令时故意装作不明白。对付这些人,你必须始终抱着一个原则:令出如山倒,不可动摇!只有这样,你才能在下属当中建立起领导应有的绝对权威。

当然,在现实生活中,并非一切都很顺利,有些时候也会遇到阻碍而无法达到预期的工作目标。比如,没有按你的命令达到预期的营业额,经费超出预算,拿不到预约的原料,无法在约定期限内交货,无法回收成本等。或许你也可能听过员工的抱怨:"这很难办呢!""请再多宽限几天吧。""我已经尽力了。"对此类问题的处理基本原则是,你不可轻易地与员工妥协。虽然达成目标并非易事,然而若每次都延迟进度,重新修正,最后任务的内容就变得含糊不清。此时你需要坚定地重复你的命令,并大声地激励对方:"不要净说些丧气的话,努力去做看看!"

在这样鼓励与责备共存的话面前，大多数员工都会奉命行事，并在工作中发挥最大的潜力，让你的命令真正地得到贯彻实施。对于那些拒不从令的员工，你只能动用"军法"处置，记住，他们挑战的不仅仅是你的命令，更是你的权威。

制度下以身作则

在一个公司中，管理者的行为是员工们的榜样。制度作为大家共同遵守的准则，对管理者的要求远胜于普通员工。管理者只有在制度下身体力行，以身作则，才能维护自己在员工们心目中的威信，才能让下属自觉地遵守制度。

许多员工眼中的管理者，都具有某种其他人所没有的特质，若你不具备某种独特的风格，就很难获得员工的尊敬。在此特质中，最重要的即在于管理者的"自我要求"。你是否对自己的要求远甚于对员工的要求呢？偶尔，你会站在客观的立场，为对方设身处地想想吗？这种态度与涵养是身为管理者必须具备的。

员工服从管理者的指导，其理由不外以下两点：

一是因管理者地位既高，权力又大，不服从则将遭受惩罚。

二是因管理者对事情的想法、看法、知识、经验较自己更胜一筹。

这两个条件无论缺少哪一个，部属都将叛离而去，而其中第二点尤为重要。因此，作为一个管理者应当时刻不忘如此地反省自己：

"我的各方面能力比不比员工强？想法、看法以及做法是否比他们更具超前性？我应当怎样做才能更出色？"

"在要求员工做一些事情之前，我是否应先负起责任，做好管理工作呢？"

"我是否太放纵自己了？要求别人做到的，我自己有没有做到？"

第02章
规章制度是组织高效运行的保障

优秀管理者对自己的要求远甚于员工，优秀管理者常会站在客观的立场设身处地为员工着想。一天到晚为自己打算的人，绝非一个优秀的管理者。

不过遗憾的是，相当一部分管理者总是忽视或没有能力做到这个"自我要求"，发生错误时总是喜欢归咎于他人。譬如，一个公司必须开发新产品了，赶紧召开员工大会，一个无能的管理者常常是自己大脑空空，却在抱怨别人："这些员工净是窝囊废，竟然拿不出一个新构想！"其实，新构想不能全靠员工去构思，身为管理者应该多动动脑筋，先制定个框架，或先为员工指明个方向，然后再要求员工全力筹划，这样靠着双方的努力才能顺利达成目标。如果只是把责任全部推给员工，即使事情成功了，也会失去员工对你的信任。要知道，如果员工在心里对一个管理者没有什么信任可言了，那么就别想让他们再很好地服从你的管理了。

"善为人者能自为，善治人者能自治。"一个公司的业务能否在激烈竞争的潮流中得到发展，重点在于管理者是否有正确的自律意识。管理者只有身体力行，以身作则，才能建立起人人遵守的工作制度。比如说要求公司的职员遵守时间，管理者首先要作出榜样；要求员工对自己的行为负责，管理者也必须明白自己的职责，并对自己的行为负责。

管理者要培养良好的自律性，成为员工的表率，最好能参照以下两点建议身体力行：

1. 要乐于接受监督

据说，日本"最佳"电器株式会社社长北田先生，为了培养员工的自我约束能力，自己创立了一套"金鱼缸"式的管理方法。他解释说，员工的眼睛是雪亮的，管理者的一举一动，员工们都看在眼里，如果谁以权谋私，员工们知道了就会看不起你。"金鱼缸"式管理就是明确提出要提高管理工作的透明度，管理的透明度一大，把每个人置于众人监督之下，大家自然就会加强自我约束。

2. 要保持清廉俭朴

作为一个公司管理者，应该清楚自己的节俭行为不管大小，都具有很强的导向作用。管理者的言行举止是员工关注的中心和模仿的样板。中国台湾塑胶集团董事长王永庆曾说："勤俭是我们最大的优势，放荡无度是最大的错误。"他是这样说的也是这样做的。在台塑内部，一个装文件的信封他可以连续使用30次；肥皂剩一小块，还要粘在整块肥皂上继续使用。王永庆认为："虽是一分钱的东西，也要捡起来加以利用。这不是小气，而是一种精神，一种良好的习惯。"

只有不断地反省自己，高标准地要求自己，才能树立起被别人尊重的良好形象，并以此感染手下所有的员工，使他们产生尊敬、信赖、服从的信念，从而推动工作的发展。

公正比公平更重要

公平是处理冲突的最佳境界。但在实际操作中，管理者很难做到公平，因为不同的人有不同的公平标准，有时对很多人来说是公平的事对部分人来说却意味着不公平。

有7个人住在一起，他们每天都要分一大桶粥。麻烦的是粥每天都是不够的。最初，他们抓阄决定谁来分粥，每天轮一个。结果每周下来，他们只有一天是饱的，那就是自己分粥的那一天。后来，他们推选出一个道德高尚的人来分粥。强权就会产生腐败，大家开始想尽办法去讨好他，贿赂他，搞得整个小团体乌烟瘴气。再后来，大家决定组成三人的分粥委员会及四人的评选委员会，但他们常常互相攻击，等粥吃到嘴里时全是凉的。最后，有人出了个主意：大家轮流分粥，但分粥的人要等其他人都挑完后才拿最后的那一碗。为了不让自己吃到最少的，每个人都努力将粥分得平均。最后，大家快快乐乐、和和气气，日子过得越来越好。

第 02 章
规章制度是组织高效运行的保障

还是同样的 7 个人，不同的分配制度就产生不同的风气。所以，一个单位如果有不良的工作习气，一定是机制问题，一定是没有做到完全公平、公正。

公正，即"公正地评价员工"。共同的价值观是对员工作出公正评价的基础；为每个员工提出明确的、具有挑战性的目标和任务，是对员工绩效作出公正评价的依据。

公平，即"公平地对待员工"，对每位员工的劳动给予能够体现"内部公平和外部公平"原则的回报，为每位员工的发展提供公平的机会和条件，在真诚合作与责任承诺的基础上展开公平竞争。

公正是公平的前提，公平是公正的体现，但是公正了不一定就能公平。例如，管理者为实施激励，出台了一些相应的规定以配合奖惩。但很多人为了达到奖励标准，会根据考核办法，全力做到符合规定，这时真的、假的、半真半假的、亦真亦假的情况都会出现。弄得考核的人头昏脑涨，很不容易分辨清楚，以致每次公布结果，员工都觉得不公平。

激励的用意，原本在改善组织的气氛，鞭策员工积极向上，保持团队稳定的工作步伐。然而，不公平，就可能导致员工互相猜忌，甚至怨声载道，消极怠工，破坏生产计划，反而得不偿失。

得到奖赏的人是少数，但是一旦他们认为奖赏不公平，自己获得的东西少于自己应得的回报，感激心理就会荡然无存。得不到奖赏的人居多数，他们可能认为遭受了不公平的待遇，心里不服气。这些反应，往往抵消了激励的功能。

激励不好，不激励也不好，这是个两难问题。人性既不像有些人所描述的"天生懒惰，讨厌工作"，也不像有些人所寄望的"经过适当激励，人人均能自我领导，并且具有一定限度的创造性"。人性只是具有可塑性，不激励不足以调动员工的行为，而激励也无法完全改变员工的行为，不平的心理更是激励的一大阻碍。

最好的办法，便是根本改变公平的观念。管理者坦诚说明"我只能够公正，却很难保证公平"，因为如果管理者自己强调"公平"，员工就会用不公平来批评他。得到奖赏不感激，未得奖赏不服气，完全是管理者自认为公平所招致的恶果。坚持公正但承认不公平的存在，是解开两难选择的突破。

提升领导者的决断力

通常一个领导者的心境需要往其性格相反的方向发展，懦弱的性格向强硬的性格发展、强硬的性格向柔和的性格发展，这样才能面面俱到。

领导工作是一种创造性的活动，身处瞬息万变的信息时代，面对错综复杂的客观环境，计划往往赶不上变化。这就要求领导者一定要适应客观环境，审时度势，捕捉时机，随机应变，而不能循规蹈矩。否则便会陷入被动，影响到企业整体利益的发展。

毛泽东便是这方面的天才。他指挥的"四渡赤水"战役是运动战的光辉典范，他作为红军的最高领导者审时度势，敌变我变，指挥若定，处处先人一步。他四渡赤水，屡出奇兵，兵临贵阳，直逼昆明，调虎离山，巧袭金沙，指挥艺术出神入化。这些战役不愧为毛泽东军事领导艺术的"毕生得意之作"。

在领导工作中，许多领导者所遇到的事情存在着激烈的变动性和复杂性，因而，领导者在作出领导决策时就要审时度势。它要求领导者面对纷纭多变的客观形势要有清醒的头脑，要在正确分析形势、把握事物发展方向的前提下善于权衡利弊，及时果断地进行决策。在这个过程中，最为难做的就是放弃已经拥有的成绩、优势。但如果不能根据形势的发展果断放弃则往往会贻误战机，甚至会造成不可挽回的错误。

对于企业战略而言，审时度势，适时作出放弃的决策尤为重要。固然，作出退出一个领域的决定往往要比进入一个领域更难，但由于沉迷小利而缺乏撤出的勇气就会陷自己于困境。大多数企业总是在经历了沉痛的教训后，才会认识到主动撤退的重要性。

美国的杜邦公司为我们提供了一个反面的例子。1964年，真皮皮鞋已经成为消费者的新宠，而美国杜邦公司并没有意识到对自己的威胁与挑战，没有打算从合成式皮革领域中退出，直到1971年损失了1亿美元时才不得不被动退出市场。

正反两方面的经验表明，审时度势、主动撤退往往是企业获得新生的契机，而优柔寡断、沉迷小利则往往是企业走向衰败的开始，甚至可能使企业走向死亡。这对于在行政单位的领导者们来说，也值得思考借鉴。在工作和生活中，要有进有退、进退有序，有所不为，才能有所为，该说"不"时就说"不"。

当然，要想提升领导者的决断能力，光有勇气、会审时度势是不够的，还要学会准确鉴别下属提的意见，在决策前集思广益，广泛听取下属的意见，一旦到了作出决策的时候就要像一只凛然不可侵犯的狮子一样特立独行。

集思广益，就是领导者采用群众的智慧，遍采众人之长，在某一具体问题上要广开言路，不能只听一面之词、只考虑一种方法，而要围绕问题，让群众充分发表意见，提出各种可能的解决方案，衡量比较各个方案，选择最优方案实施之。从这一角度说，集思广益实际上可以使得领导者的决策民主化、决策科学化。

特立独行，是说领导者必须要自己作出决策并采取行动。决策的事情还得领导者自己作，这是领导者的权力，作出的决定领导者也要负相应的责任。所以说，自己的事情就要自己拿主意。当然，现代的领导者需要更多地依靠智囊团，但是专家的意见不能代替领导者的决策。因为正确的决策不但要靠智囊团的多谋，更要靠领导者的善断。

这种模式的决策原则可以避免"盲点"的出现。这种原则被称为喇叭式的决策原则，即收集资料、分析信息、思考对策、提出计划、付诸行动，这种决策能打开领导者的思路，使其觉察到决策的具体过程，减少"盲点"的出现。

这种决策模式，不妨试着如此去做：

更多参与，让人人都参与。这不是从你相邻的隔间或办公室里那个人开始的，它就从你开始。

保证让每一个人都觉得可以自由表达意见：为了吸收每一个人的智慧，必须要让团队里的所有成员都觉得可以很舒坦地大声讲出自己的见解来。

总之要记住，正确的决策来自于众人的智慧。

有条理是高效完成工作的法宝

大多数刚刚上任的管理者都经历过被时间困扰的过程。起初，他们总是被大量的工作弄得狼狈不堪，他们尝试着想在八小时或十小时内完成所有的工作。但实践证明，"欲速则不达"是铁定的规律。其实高效率的工作方法很简单，只有三个字：有条理。

很多管理者工作时杂乱无章，更别提高效了。"我办事就是没有效率"或者"时间管理不是我的强项"等都是管理者常说的逃避性的话语。谁也不可能天生就具有组织时间的能力，管理者要想找一个方法使自己在更短的时间内完成更多的工作，就需要培养高度的自觉性。

为了工作起来更有条理，管理者应该立即采取行动。越早知道如何提高工作效率，就能越快产生效果。另外，训练时间管理的技巧也可以成为其他人学习的榜样。

1. 用简洁明了的话同员工交谈

一位年轻的女管理者热衷于与人交谈。她的员工发牢骚说她总是喋喋不休，在工作时间内员工们都会躲着她。一旦不小心让她碰到，她就会说一大堆与你工作无关的事情，而这一切你根本就不需要知道。

这位女管理者喋喋不休的嗜好削弱了她作为一名管理者的影响力，除此以外，还会使她与员工疏远。他们不想问她问题，不想与她分享他们的快乐，否则他们将会被卷入繁杂闲谈的漩涡中。

即使这种闲谈无碍于你与员工建立友好的关系并保持与他们的接触，但假如你无止境地唠唠叨叨而不是简洁明了地说明自己的观点就离开的话，也会浪费掉不少时间。最具组织能力的管理者会尽量避免这个问题，他们会把每一次偶遇都当作向对方学习的机会，而不是发泄牢骚。

提高组织时间管理能力的另一个简单途径是将不满意或激怒你的谈话搁置一旁。假如你对一次即将发生的争论想来想去再在大脑中权衡20遍的话，你将会理智地克制自己恢复常态。

同员工说话一定要坚持简单的原则，力求简短清楚，这样才能显现你非凡的管理能力，而不至于给员工留下唠叨个没完的无能印象。

2. 别被"预先的恐惧"吓倒

新任管理者必须要承担他们以前不必担忧的一系列责任。比如，需要对工作较差的员工进行批评，评估员工的业绩，在管理会议上发言并处理堆积如山的行政性文件等。

假如将自己的时间安排得井井有条，那么你会像机器一样高效率地完成所有的工作。但是很多管理者做不到这样，因为他们将大量的时间花费在了对所面临责任的恐惧上和向他人抱怨自己的恐惧上，在接受自己不喜欢的任务或工作之前，就开始考虑并细诉自己消极可怕的想法了。

事实上，这种"预先的恐惧"只不过是纸老虎，打败它很简单，只要你以勇敢或乐观的态度对待之。不要总告诉别人你"痛恨做这件事"或者

"不能忍受这份工作"。你每提醒一次自己是多么不喜欢某件事，就又在浪费你珍贵的时间并给了自己拖延的借口。更糟糕的是，通过逐渐承认那种恐惧，在不知不觉中又加深了恐惧的程度。

克服恐惧最好最简单的方法就是以更宽阔、更坦然的态度来对待它。不要夸大不愉快的工作，而应该提醒自己，"这项工作只不过是我一周工作50个小时中的3分钟而已"，或者"我很幸运，因为这项工作还可能更糟糕"。

3. 间歇时间里做点简单实用的事情

在努力工作的过程中停下来松一口气没有什么不对的地方。在没有紧迫任务和休息日时，可以允许自己放松一下，好好享受一下闲暇的乐趣。

假如你只是在间歇时间里在网上漫无目的地冲浪，或者随便浏览图书而并不真正吸收其内容的话，你也许会感觉自己好像一直都在忙。但是，事实上，你这样只是徒劳无功，不如做些简单轻松而又特别实用的事情。在休息的同时又做了有意义的事，那才真是一举两得呢。

有条不紊的管理者从来不会让自己虚度这些安逸的时间。他们喜欢在行动过程中进行简单的周期性调整，或在忙碌的一天中抽出15分钟进行时间的重新组织和计划工作，或者考虑一下全局性的问题。

在间歇时间里可以放松身心整理你的文件。这里有一些简单的程序可以帮助你更好地组织工作现场。将相关类别的备忘录、参考资料和其他需要保存的文件归档保存。避免使用过于宽泛的文件标签，诸如"待解决的""背景""现行的"。这样的词语太宽泛了，无助于你找到所需的文件。相反，应该为每个文件夹标一个更具体的名字。例如"购买合同""市场报告""员工福利""技术更新"等等。并可以形成更多的文件夹。这样，每个文件夹会包含更少的资料，使用起来会更加容易。

利用间歇时间最巧妙最简单的方式之一就是同那些被你忽略掉的员工接触一下。例如，可以拜访工作现场的工人并询问一下他们工作的状况。

第 02 章
规章制度是组织高效运行的保障

你也许想将这段时间用于更新和整理你的文件系统。那么你就可以简单浏览一下你手中的资料，该扔掉的扔掉，诸如旧杂志，或者你已经消化了的不再需要保存的行业信息，或者塞满你信箱的所有不必要的 E-mail 等等不再具有利用价值的东西。

简化组织形式，实施"零管理层"

一般来说，企业系统结构巨型化总是伴随着复杂化，而多数大公司都会通过设计复杂的系统和结构来应付这种复杂化。因而它们会雇用更多的员工使自己能够掌握这种复杂化，而这就是错误开始之处。企业应该做到尽管规模大但同时也要保持组织形式的简单化，只有这样才能提高组织的运作效率。

美国 GE（通用电气）公司是由爱迪生于 1892 年创建的，1996 年排名全球 500 家大企业的第 12 位。GE 公司航空发动机厂在辛辛那提市的北面。在宽大干净的厂房里，不但开铲车的司机不穿工作服，就连装配线上的装配工人也不穿工作服，他们身着牛仔裤、文化衫，随随便便，这就是建立在"零管理层"上的工作现场氛围。

在这家 8000 人的发动机总装厂里，只有一个厂长和全厂职工两个阶层，而没有任何中间管理层。在一般工厂常见的车间、工段、班组、工会、人事、财务、计划、技术、材料、供销等所有部门，在这里全部被取消了。在生产过程中所必需的管理职务，如计划员、车间管理者、班组长、财务管理、供销管理等工作，都由员工们轮流担任。而一些临时性的工作，如招收新员工，就由各岗位抽调老员工临时组成人事部门，完成之后即解散（团队模式的灵活运用）。

这样做至少有两个好处：一是大大精简了工厂的机构，二是使在生产过程中的所有员工都是平等的。"零管理层"是由 20 世纪 80 年代进行的

"无边界行动"的变革所带来的,"无边界行动"是无边界原理的一次实践论证,就是在公司的领导部门内部,打破行业、部门各负其责的工作方式,以事件来贯穿各部门的工作。比如计划部门接到一张订单,那么有关这张订单的所有工作,如接待客户参观、培训,向工厂下产品任务,监督制造、运输、装配、调试、检修、维护,都由这个部门一竿子插到底。这样既减少了部门之间的相互掣肘,也缩减了机构和人员。GE 公司前总裁杰克·韦尔奇说:"一个公司就像一座大楼,它分为若干层,而每一层又隔了很多小房子。我们就是要把这些隔层尽量地打掉,让整个房子变成一个整体。"这与打破垂直边界、水平边界的无边界原理不谋而合。

对于以盈利为目的的企业来说,推行一种新的管理方式是与其增长效益有关的。GE 公司原来从董事长到基层的员工大约有 24～26 个阶层,通过"无边界行动"及"零管理层"的推行,GE 公司的阶层减到了 5～6 层。经组织结构变革后的 GE 公司,就如同轻装上阵的战士,一跃成为 1996 年全美利润率最高的公司,这对一个以工业产品为主导的老企业来说不啻是一个奇迹。

下面是简化组织形式的几个具体原则。

1. 力求维持最少的部门

组织结构要求精简,部门必须力求最少,但这是以有效地实现组织目标为前提的。在现实中有些管理者坚持认为,在组织机构第一级以下的一切部门都要按照完全相同的方式划分业务工作,建立起一种平衡的并以连续性和对等性为特征的刻板结构。这是对部门划分的误解,建立机构的目的不是供人欣赏,也不是控制,而是为了有效地实现目标。

2. 组织机构应具有弹性

划分部门应该随着业务的需要而增减。在一定时期划分的部门不一定永久存在,其增设和撤销应根据业务工作而定。同时,可设立临时部门或工作组来解决临时出现的问题。

3. 确保目标的实现

为确保目标的实现，必要的职能均应具备。在企业中，其主要职能是生产、销售和财务等；在医院里，主要职能是医疗、服务等，诸如此类的职能都必须要有相应的部门。当某一具体职能与两个以上部门有联系时，应将每一部门所负责的部分加以明确的规定。

4. 各部门职务的指派应达到平衡

要避免出现各个部门忙闲不均、工作量分摊不一致的现象。

5. 检查职务与业务部门分设

考核和检查业务部门的人员，不应隶属于受其检查评价的部门，这样就可以避免检查人员的"偏心"，真正发挥检查职务的作用了。

总之，部门的划分解决了因管理宽度的限制而约束项目组织规模扩大的问题，同时把业务工作安排到各个部门中去，有利于组织目标的实现。由于业务工作划分不可避免地会带来部门间不协调的问题，因此在划分部门的同时也必须考虑这种不协调所带来的消极影响。

坚持专业化管理，搭建现代化班子

作为现代化企业，坚持专业化机构管理很重要。所谓专业化就是使企业向着专业化规模发展，形成规模经济，促使企业专业化水平的提高和成本的降低，不能像全能型企业那样什么都管，让那些繁杂事务拖企业的后腿，分散企业领导者的精力。比如日本有许多企业不建立自己的原料仓库，让商社和株式会社去搞，将需要的材料送到生产现场，形成社会供给形式。这样，企业就可以集中精力搞经营、搞生产、搞管理、搞专业，形成规模经济效益。

从对比中可以看出，现代化组织机构模式具有很大的优越性：从数量上看，传统模式的机构设置，大概比现代模式机构设置多一倍；从内容上看，现代企业机构是综合性的，过去则是单一职能。

北京巴维公司的前身是北京锅炉厂，现今已是一家中美合资企业。合资前有职工2500人左右，采取的是苏联传统的管理模式，有20多个科室。合资后按美国模式改成了八部二室，10个部门，大致砍掉了一半。北京松下公司采用的是日本松下的管理模式，职工2000多人，七部一室，总计8个部门，部门数量比传统少了一半。现代企业的部门设置，一个重要方向就是追求部门、科室的综合化，目的是追求高效率。

经常会有人这样认为：提高效率减少部门，不就是机构合并？而大生产却是要求分工合作的，这两项原则不是相违背吗？过去的一些企业大都分工太细，这并不是优点，而是组织结构问题。大生产的过程强调分工是对的，分工的好处不能忽视：分工管理、专业化管理比起专业化水平不高的企业来说是能提高效率。但分工管理增加了企业管理程序，分工分得太细程序也会相应复杂，工作周期延长，引起协调工作量的增加；分工太细能令企业内部出现分散主义，各搞一套，抓质量不顾成本，搞生产不顾质量，达不到有效的生产目的。因此，分工要适当，分工过了头，负效应超过正效应，就会引起管理效益的下降。

传统组织理论强调分工，对分工缺点看得少，分工越来越细。现在应当简化分工，不是简单的部门合并，而是要着眼于管理连贯，提高效率。

哪些部门可以合并，哪些部门不用合并，要从管理的内在规律出发，不能凭主观愿望，要客观地分析，找到利于提高企业生产的部门合并方式。

1. 相同职能的部门可以合并

北京巴维公司成立之前，有个供应科是搞采购的，成立后把供应科改成采购部，原来只采购原料，现在基建原料、工、模、卡具、设备，直至文具、办公用品的采购全归采购部。宝钢原来部门很散，运输部门很多，有铁路运输、公路运输还有码头运输，有厂内交通管理，后来合并成一个运输部；还有党政相关部门的合并，如将党内组织部和行政人事处合并，将党内宣传部和行政教育处合并，但合并有一条，组织部内党的机构必须独立，两块牌子一套班子，一个办公室。

2. 双重职能的部门可以合并

与设备有关的管理职能叫设备管理职能，设备管理主要是管理设备的登记、造册、变动等。在传统企业中负责设备管理职能的部门叫设备科，与设备有关的还有一个辅助作业的职能部门，负责设备的维修、设备的备件。这两个部门一个是设备科，一个是机修车间，这是可以合并的。坚持走职能综合化的路子，着眼于管理效益的提高，加强管理程序的连贯性。

现代化企业大部分都采取单职制的组织机构，目的就是企业中尽量少设或不设副职。减少副职，这是组织机构的一个重要问题。国有企业中大都存在副职多的毛病，甚至在有的企业还出现了官多兵少的现象。一个处里，一个处长，两个副处长，下面领导两个兵的现象相当普遍。

单职制是现代管理发展的方向，副职多是管理落后的重要表现。为什么要减少副职？不是为了少几个人，减少一些费用，这不是重要的，如果对管理有好处，多设几个人，多点工资是可以承受的。问题是副职多了，妨碍了管理的现代化。如果每个副职都分管一个方面，他专业管理面很窄，对其他问题不熟悉，说话时说不到点子上。作为领导不能只代表一个部门的观点，但因他只管一个部门，只能有这方面的意见，这些事最后得由"一把手"汇总来统一思想。

单职制管理也有一定的弊端，那就是班子成员的工作量增加了。从现代化组织机构理论方面可以采取合理授权的办法解决这个问题。有些工作不一定非要设立一个副职，可以授权给其他班子成员代行。

关键职能就是将生产、技术、开发、销售、财务、人事等职能中，对实现企业任务和战略起关键性作用的职能部门找出来，在机构设置上，不是平起平坐。不像看机构图那样，总管理部下设几个部，几个部都是并列的。在这些部门中，有的是关键部门，有的是一般部门，要突出其关键部门的作用，在人员配备及职权上要比其他部门高，在人力、物力、财力上都要赋予它更大的权限和责任，把它提高到决策层，让它有指挥权、否决权，这是组织成功的重要条件。关键职能部门不是绝对的，这是由企业的经营战略决定的。不同的战略，它的关键职能部门是不一样的，所以，有多种组织机构形式，其管理重点也不一样。

例如，以质量为中心组织模式的企业，就是把质量管理部门作为一个关键职能部门看待，多适用于电器类行业的企业。顾客要求质量过关，家电生产企业一般多采取质量取胜的战略。为质量取胜战略服务，组织结构上要突出质量管理部门的作用。质量管理部门，即质量管理委员会，是领导"一把手"下面的一个直属机构，作为一个决策机构来考虑。质量管理委员会研究提高产品质量的措施，质管会的主任同意后，以"一把手"的名义下达，这样对各个部门就有指令性了，就不是部门之间的意见了，这个措施必须执行。

北京原来有两家电视机厂，一家是牡丹电视机厂（生产牡丹牌电视机），一家是东风电视机厂（生产昆仑牌电视机）。在20世纪80年代初期，东风电视机厂比牡丹电视厂大得多，但是，现在东风电视机厂已经被牡丹电视机厂兼并了。原来牡丹电视机厂早在80年代初就明确了以质量取胜的战略。把质量管理部门提到战略位置上，突出了它的作用。除此以外，牡丹电视机厂的厂长，是质量办公室主任提上来的，他脑子里装的都是怎么提高质量，所以质量措施通行无阻，这就保证了它能在激烈的市场竞争中生存并发展起来。

坚持组织结构专业化管理的企业，在生存、发展和壮大方面都能起到积极的作用，关键看我们能否抓住其要领，来完成现代化的领导班子的搭建工作。

第 03 章

制度设计要规范,也要抓重点

避免以最高的效率做最没有用的事

杜拉克说:"有效的管理者极为审慎地设定自己的优先顺序,随时进行必要的检讨,毅然决然地抛弃那些过时的任务,或者推迟做那些次要的任务。"这话很明白地告诉人们:企业管理要分清事务的主次,重点出击。许多人误以为在大企业中事务多,管理者应该分清主次,却不知在中小企业也一样,甚至更为重要。

效率专家艾维·利与伯利恒钢铁公司总裁查理斯·舒瓦普曾经会见过。会见时,艾维·利说自己可以给舒瓦普个礼物,能在很短的时间内让公司的效益有所好转。舒瓦普说他清楚自己应该做什么,也懂得如何把公司管理得更好,自己需要的不是更多的知识,而是更多的行动。他说:"如果你能告诉我们怎样更好地执行计划,我听你的,在合理范围内价钱由你定。"

艾维·利递给舒瓦普一张白纸,说:"在这张纸上写下你明天要做的几件事。"看到舒瓦普写完后他又说:"现在请删除可做可不做或根本不用做的事情。"等到舒瓦普停下时他接着说:"现在按照每件事情的重要性用数字标明次序。"做完这几项事情之后,艾维·利说:"现在你把这张纸收好,明天早上第一件事情就是把这张纸条拿出来,努力去做你所标出的最重要的那件事,不要管其他的,直到完成为止。然后用同样方法依次去做第二件事、第三件事……哪怕你一天只做完一件事情,那不要紧,因为你总是在做着最重要的事情。坚持每一天都这样做,等你相信这种方法的价值后,让你公司的人都这样做。这个实验你愿意做多久就做多久,然后给我寄支票来,你认为值多少就给我多少。"

整个会见历时不到一个钟头。一个多月之后,艾维·利收到舒瓦普寄来的一张30万美元的支票,并附言说:"从钱的观点看,这是我一生中最有价值的一课。"五年之后,这个当年不为人知的小钢铁厂一跃成为世界上最大的独立钢铁厂。

好多时候,你并没有足够的时间、精力去完成所有的事,那就去做最重要的事吧,既然注定是完不成的,就让那些不重要的事剩下来,才会达到最佳效果。

中小企业经常犯这样共同的错误,即在做市场时遍地撒网、广种薄收(这里的广种薄收并不是薄利多销)。这项错误不是少数人会犯,而是大多数营销人员都会犯;不仅一两家企业会犯这项错误,大多数的中小企业都会集体犯这项错误。中小企业犯这项错误的原因是源于中小企业期望值过高,以及通过广种薄收来寻找"东方不亮西方亮"的心理安全感。然而,这种虚构出来的安全感却并不可能真正实现。真正的营销安全感来源于市场地位,只有在局部市场获得较高的市场地位,才能赢得对手的尊重,并博得顾客的接受,才有真正的安全感。

杜拉克认为:"一个人的有效性与其智力、想象力和知识之间几乎没有太大的关联。管理者的本能只有通过有条理、有系统的工作,才有可能产生效益。"俗话说:"饭要一口一口吃,路要一步一步走。"许多管理者总认为自己能力有限,实际是没有做到有条理、有系统地安排工作。

按照在市场的地位来分,企业可以分为三类:行业龙头企业、区域强势企业(有根据地市场)和有销量但没市场地位的企业。片面追求销量只是一时的,真正有稳定市场地位的企业是龙头企业和区域强势企业。中小企业的生存之道就是:在一定范围之内,根据自己的实际情况开辟小区域市场,然后在有余力时继续开发或扩大小区域市场,最后把小区域市场连成一片。中小企业如果不能做成区域强势企业,就永远做不大。

有一家小型饮料企业,该企业原来面向全国市场,以省为单位划分市场,派10多个业务员去开发,虽然有一定销量,但很不稳定。它的年销售额仅达到500多万元,其中有一名业务员手头有多达70多个市(县)

级经销商,一年到头连每个经销商平均拜访一次的时间都没有。这样的营销布局,企业根本不能够有太大发展。

后来,管理者发现自己的企业规模根本不足以经营省级市场,当前最重要的不是急于求大地发展,而是先确保自己的市场稳定。于是确定了三步走的战略方针:首先是以县为基本营销单元,一个乡镇一个乡镇地做市场,建立市场根据地,然后做成县级市场的龙头老大;其次,当在几个县同时成为龙头后,再发挥根据地之间的协同效应,将县级根据地连成片,成为区域强势品牌;最后再按照第一、第二步的方针发展成为区域强势品牌,然后再连成一片。最终,该企业发展壮大为行业龙头。

上述企业的策略可以称之为市场聚焦策略,或者叫做珠穆朗玛策略。中小企业可能在全国市场籍籍无名,但只要成为区域龙头,就可以在区域市场内博得名气。现代市场是强者通吃的市场,市场地位是生存的基础,有销量没市场地位不可能长期立足。

有一家年销量不过五六万吨的小型酿酒公司,他们的市场却做了三个省的60多个县,每个县的酒市场销量大约有1.5万~2万吨,但他们的公司在哪个县的销量都排不上名。后来,他们也是采用该方法,踏踏实实地做好几个县,结果销量也达到了6万吨。经过几年的发展,原来差不多的企业一个个销声匿迹,他们的企业却越做越大,现在在周边三个省内成了赫赫有名的强势品牌。

杜拉克说:"卓有成效如果有什么秘诀的话,那就是善于集中精力。有效管理者总是把重要的事情放在前面做,而且一次只做好一件事。""绳锯木断,水滴石穿。"杜拉克的思想实际上符合"矛盾转化论",如果能把力量集中在最重要的问题上就容易把它解决,而一个重要问题解决后,次重要的问题就会变为重要问题。按照这样的逻辑,所有的问题最终都会得到圆满的解决。

在企业管理中,应该说市场定位是不容易的。刚刚进入市场的企业就像刚进入社会的年轻人一样,以为自己样样精通,做什么都能成功,所以往往盲目地做事,最终搞得什么也做不好。

其实,做好一件事情的关键是目标集中。做什么事都要沉得住气,浮躁只能使事情越来越糟。许多企业一上马,把目标定位得过高,想做大品牌,想成为业界的龙头,结果是眉毛胡子一把抓,没轻没重。这样做,一方面会因为目标过大,又没有细致的规划,什么也做不精;另一方面也容易因为精力过于分散,难以在用户心目中形成鲜明的定位。另外,市场战线拉得太长,则会使企业在市场形象塑造过程中花费的代价更大。

就像杜拉克分的人生四个象限:如果你总是做"重要且紧迫的事",就常常有很多的剩余时间。做完"正事"之后,你还会有相当多的时间去做"重要而不紧迫"、"不重要且紧迫"甚至"不重要且不紧迫"的事。

在低绩效或失败的管理者中,好多人最易犯的错误是把"紧迫的事"与"重要的事"混为一谈,把战略与战术、"做正确的事"与"正确地做事"混为一谈。这正如杜拉克说的话,最没有效率的人就是那些以最高的效率做最没用的事的人。当你清楚"紧迫的事"与"重要的事"之后,如何"把最重要的事放在第一位"就是最重要的了。

要为企业找到一个专而精的市场定位并不难,关键考虑两点:首先要对目标市场进行细分,找到潜力最大的方向;其次要对自己所能掌握的资源心中有数,扬长避短,把最重要的事放在首位。然后在这二者间找到最佳的结合点,从结合点着手,企业一定会走向成功。

将复杂管理简单化

简单管理是能简单的时候就不要复杂,复杂不能证明你能力的高深,反而会衬托你的平庸和无能。本来一句话能表达清楚的问题,何必说十句呢?况且另外九句话只能让人感到疲倦和厌恶。

有些管理者偏偏喜欢长篇大论，你想谁会有时间去阅读一大堆记不住的、乏味的计划书呢？计划应压缩成只有一页纸长短的、有力的、实用的文字说明。如果能够把计划中的要素清晰地定义出来，那么，即使最复杂的战略也可以用一页纸的篇幅完整地表达出来。

总之，企业管理不必太复杂化，使事情保持简单是企业发展的要旨之一。把复杂的问题简化成简单的问题加以解决，是管理者的明智之举。

韦尔奇强调管理不需要太复杂，因为经营活动实际上相当简单，他希望他的业务主管们要使一切保持简单状态。

宝洁公司的制度就具有人员精简、结构简单的特点，并且该制度与其雷厉风行的行政风格相吻合。

管理者制定了"深刻明了的人事规则"，它得到顺利的推行并获得了良好的评价。而最能体现这种简洁明了的效率就集中体现在该公司"一页备忘录"原则上。所谓"一页备忘录"是指尽量精简公司所有的报告文件，以尽可能简练的语言来描述公司的现状和未来的发展趋势。其内容会随着具体情况的变动而增加或减少。这一风格可以追溯到该公司的前任管理者理查德·德普雷。

理查德·德普雷强烈地厌恶任何将简单问题复杂化的做法，所以，他十分反感助理给他的那些超过一页的备忘录。如果遇到一份冗长而又繁琐的备忘录，他通常都要退回去，并且还要在上面加上一句话："把它简化成我所需要的东西。"如果备忘录过于复杂，也会使他更加生气，他会在上面加上这样的话："我不理解复杂的问题，我只理解简单明了的东西！"他认为，管理者要做的任务很多，但是其中很重要的一条，就是要把繁琐变为明了，把复杂变为简单。只有这样，管理者的思维才能清晰，效率才能提高。提高了自己的工作效率才能更好地指导下属着手后面的工作。

随着管理信息系统的运用及普及，预测模型和普通的非技术性员工之间的较量开始增加，而且有明显影响，导致在解决问题过程中增添了许多不必要的麻烦，进一步地增加了不稳定性以及不和谐因素。而作为管理者，像上文提出的那样，用一页备忘录，可以解决很多的问题。当然，这只是一个例子。首先它的好处显而易见，简单明了的核心问题，使管理者更能分清主次，那么审核并且解决的效率将大大提高。其次，建议条目按序展开，简洁、易懂。总之，管理的简单操作化使企业的管理远离了模糊和凌乱，并因简洁明了的积极作风为公司带来了令人欣慰的高效率。

有首歌这样唱过：不是我不明白，只是这个世界变化快。很多的企业在面对庞大的企业事务时，不禁也要发出这样的感慨：究竟是我自己能力不够，还是我的事情太多了。其实是我们常常被自己的习惯性思维所禁锢，从而把简单的事情弄复杂了。这正是每个管理者亟待思考和解决的问题。理性的企业家，在面对这样的困惑时，就要考虑改变自己的思维方式，找出复杂和简单之间的两点，然后直接画一条直线，由简单到复杂，理清了思绪，才能轻装上路。杰克·韦尔奇说："作为管理者必须具有表达清楚准确的自信，确信组织中的每一个人都能理解事业的目标。然而做到组织简化绝非易事，人们往往害怕简化，他们往往会担心，一旦他们处事简化，会被认为是头脑简单。事实恰恰相反，唯有头脑清醒、意志坚定的人才是最简化的。"

当管理者真正找到简单的方法时，就再也不会为自己企业的发展壮大而感到迷茫，不会因为机构组织越来越庞大，人员结构越来越臃肿而发愁，不会因为每天要处理成千上百的事务而身心疲惫，不会因为管理方式越来越复杂，效率却低下而困惑了。

简单管理说起来很简单，其实要达到真正切实可行的地步，是需要一定的方法的。简单管理在形式上追求简单，但在内涵上则要求深刻、丰富。简单不是盲目的减少，而是要求对事物的本质有着深刻的感知，同时也要掌握企业运作行进的规律。当然，它也不是要舍弃什么过程和步骤，它需要管理者有着良好的理解能力和把握能力,全面总结,认真分析,仔细体会,决然执行,深刻总结。如此,简单才会出效率,管理才能简约、高效。

打破一成不变的管理模式

经常可以听到、看到这样的现象:当成功的公司面对市场环境的巨大变化时,它们常常麻木而且迟钝。面对以新产品、新技术和新战略武装起来的竞争对手时,它们往往无力自卫,令人费解而又疑惑。

为何成功的公司会走向衰败呢?经常有人认为问题在于麻痹大意,面对商业环境的迅速变化,公司无力反应,只好束手就擒。但是这一解释不符合现实,在研究那些一度繁荣又在环境变迁中奋斗过的公司时,我们发现能够表明麻痹大意的证据很少。而恰恰相反,面对困境的公司管理者们总是很早就意识到威胁,并迅速对其作出积极反应,尽管这样做了,但公司仍然步履维艰。

真正的问题在于,面对困窘,公司就像一个杀毒软件,没有升级自己的程序。

制度往往会僵化。公司获得最初成功的新思想被一种沉醉于现状的僵化思想所取代。当公司面对的市场环境发生变化时,过去的成功模式反而会束缚公司的进步。

成功的管理者不要急于问"我们应该做什么?"管理者首先要静下来想一想"是什么在妨碍我们?"

麦当劳就是这样一个例子,这家公司管理方式的僵化使自己对变化的市场条件反应迟钝。在20世纪90年代早期,这家快餐业巨人的经营手册有750页厚,其规定具体到每一家餐厅经营的每一个方面。多少年来,这家公司一直重视使工作过程标准化,一切活动均由总部下达指令。这使得麦当劳发展出一种成功的模式，从一个市场发展到另一个市场，确保一致性和高效率以吸引顾客并击败对手。

然而到20世纪90年代，麦当劳显得墨守成规了。消费者希望吃到有特色的食品和更为健康的食品，竞争者通过提供新的饮食品种来适应这种消费者口味的变化。然而麦当劳对变化反应缓慢。它历史上的优势——一门心思重视改进大规模生产变成了它的弱点。由于饮食品种的改变要得到总部许可，这家公司就抑制了创新，拖延了行动。直到后来，公司改变了这种旧的管理模式，才有所起色。

目前，有许多企业普遍对管理变革存在着认识误区和困惑。多数企业认为，有了问题才需要进行管理变革，更多的人则是把管理变革当成是一剂扭亏为盈的药方。事实上，管理变革的最终目的，并不仅限于扭亏为盈等短期行为，更重要的是通过变革，使企业对变化万千的外部环境作出快速的反应，以确保企业能在激烈的竞争中保持优势。因此，每个企业，不论其效益是否显著，是否在行业中成绩斐然，都需要持续性地作出变革。

因此，身为管理者，必须有勇气改变自己的思维，尝试打破自己以往的经验。环境不同了，条件也发生了变化，经验也有落伍的可能。这个时候，管理者必须有勇气跳出以往的经验形成的理念桎梏。

这个道理对于国内企业的管理者来说同等重要。加入WTO给中国带来了巨大的发展机遇，它加速了中国企业的成长与成熟，增强了企业的竞争意识，缩短了与世界企业的差距，促进了企业的快速发展，主要表现在国民待遇与产业准入。WTO规则中的国民待遇原则，要求赋予国内企业和外资企业平等的国民待遇，这为解决中国企业特别是非国有企业的非平等待遇问题带来了重要契机。中国企业面临的市场竞争环境不公平、秩序不规范等现象可望得到扭转，从而提高自己的竞争力。

在这种大形势下，国内的企业，要想在激烈的竞争中脱颖而出，必须要定义好自己的角色，培养新的理念，以及世界先进企业的管理方式。目标要与世界接轨，制定国际化标注的经营战略。同时，要从企业自身出发，进行文化、制度、机制等多方面创新，改变旧的管理理念和方式。

1. 理念的转变

加入WTO，是挑战也是机遇，要把目光放得长远而且实际，从以前的小市场，单一的产品供给转化为市场的多元化、产品的多样化。培养全球化的思维，自觉地将企业融入国际竞争的大环境中。

2. 管理方式的改变

中国的企业在国际竞争中要想赢得先机，从而在竞争中争取主动，只依靠国家政策的改善和机制的改变是不够的。增强企业竞争能力，从自身内部提高自己的实力，也是必不可少的。这其中主要是对管理模式的改变。

新的时代，新的变化，新的机遇。管理模式要改革，要发展，但更要创新。改善管理模式在于科学正确的管理工作，在于不改变企业本质，不改变企业效益，不改变企业宗旨的基础上实现其创新。

借来的火，点亮不了自己的心灵

"穷则思变，变则思通。"许多企业的规章制度由于不结合实际，沿用多年的老标准、老套路，无法执行，导致企业运作艰难，甚至濒临破产。为了扭转这一局面，管理者开始实行一些变革，而变革的方法主要就是向先进的企业学习。然而杜拉克说："管理无法提供一个魔术公式、一项'一览表'或者'程序清单'来帮助管理人员完成他们的工作。"杜拉克的思想说明：别人的思想方法对你不一定适用，只能借鉴，不能照搬。

盲目的崇拜和追逐，让越来越多的企业在"全面"学习甚至照搬其他成功企业发展经验的同时，开始走向迷途。在相当长的一段时期中，中国企业家对西方先进企业的崇拜已到盲目的程度，甚至成为一种信仰。曾经有人这样说：中国企业除了法人是自己的以外，其他的都是外国进口的。

前美国通用公司总裁韦尔奇，被誉为"全球第一 CEO"，他在通用公司的 20 年管理生涯中，曾带领这个企业创造了若干个财富神话，韦尔奇也因此而被神化。尤其是他的自传出版并在全球发行后，近乎狂热的崇拜者们几乎把他的自传奉为宝典。中国企业家们更是热烈追捧韦尔奇，即使是中国最著名的企业家也对韦尔奇怀有近乎虔诚的崇拜，他们希望能从韦尔奇的自传里找到医治企业发展过程中所有疾病的良方。

据说，该自传出版当年的"中国十大经济人物"，无一例外地都读过这本书。很多胸怀大志的中国经理人一心想学通用电气，想当中国的韦尔奇，成为世界级的企业领袖。中国企业界掀起了"韦尔奇"旋风，关于韦尔奇的管理思想和通用电气经营之路的书籍也是铺天盖地，甚至还出现了专门研究通用电气和韦尔奇管理思想的学术团体。

杰克·韦尔奇将其重要的企业决策归功于杜拉克。韦尔奇的宝典中最让人认为可以制胜的法宝就是 1981 年整合通用电气的第一个核心思想——"数一数二"战略，他认为，"数一数二"的原则便来自彼得·杜拉克。该战略不是要求企业成为大而全的超级全能手，在市场竞争的方方面面均要做到"数一数二"，而是强调企业要把最优秀的资源集中在最易于形成竞争优势、最有利润成长潜力的某一特定领域，形成核心竞争力。

韦尔奇运用杜拉克的这种战略主导思想的成功，恰好印证了当前中国很多大企业在多元化发展中面临的诸多困惑，"数一数二"战略的出现，似乎让身患多元化之疾的中国企业家们看到了一纸求生良方。然而，好多人忘记了杜拉克还说过："有效性虽然人人可学，但却无人可教。有效性是一种后天的习惯，是一种实践的综合。"也忘了他曾说过："决定优先要点的原则：重将来而不重过去，重机会而不只看到困难，选择自己的方向，而不跟随别人，目标要高，要有新意，不能只求安全和方便。"别人并不能为你提供可以直接运用的方法。

联想前总裁柳传志在阐述多元化战略时说："我仔细研究过杜拉克'数一数二'的思想，确实学不了。对于多元化，我们坚持经过努力要能做到第一，否则就放弃这个业务。"

与大企业相比，"数一数二"的市场战略要求更适用于中小企业，它们没有雄厚的资金、技术与市场竞争力，对市场没有更大的影响和控制力，它们可以在比较细分的市场上追求"数一数二"的经济效益，即使不能在市场占有率上形成优势，也应该在产品的差异化或服务特色等方面"数一数二"，只有这样才能在激烈的市场竞争中掌握市场主动权。"数一数二"战略是要求企业在自身领域成为行业领头羊，但这并不意味着企业要追求大而全，不能片面追求企业规模效应。"数一数二"战略最终帮助企业实现的是可持续发展力，一定要杜绝企业做大不能做强，做快不能做好的现象出现。

实际上，中国企业无论是面对基础管理相对滞后、金融市场不完善、企业财务不透明、诚信的缺失的现状，还是面对企业家自身的心理素质，这些因素都使中国企业尚不具备产融结合和大规模多元化扩张的能力。

不要说中国，在美国本土韦尔奇的"数一数二"也不是随处可用的公理。苹果电脑是个人电脑的鼻祖，因为拒绝兼容而失去了个人电脑领域的领先地位；IBM在大型机领域虽然一直都是"数一数二"，由于没有很好地把握个人机领域的商机，因而被众多的后起之秀超越；在T型车领域的霸主地位从来没有被动摇过的福特汽车公司，由于漠视其他车型的市场机会，最终与汽车冠军的宝座无缘……

通用自身管理层在实施这一战略的同时，也开始审视它的有效性。随着越来越多的通用业务实现"数一数二"目标之后，"数一数二"战略的负面意义就日渐突显：通用的经理们越来越趋向于限定一个市场，让市场来满足"数一数二"的目标，从而确保自己的管理者地位。对于通用来说，市场本该定义得越广泛越好，但许多人为了保证"数一数二"的地位，却把市场限制在过于狭小的范围内，在这种情况下，"数一数二"战略已不过是流于形式，再起不到它最初的作用了。

事实上，随着问题的日渐显露，韦尔奇也觉察到了"数一数二"的弊端。其中，最大的问题在于"数一数二"会使企业的战略变得保守、缺乏进取精神。他承认："我一直倡导的'数一数二'的思想具有很大的局限性，人们都将自己的市场界定得很小，以保证其'数一数二'。"现实也让韦尔奇从"数一数二"战略思维的定式中醒悟过来。

韦尔奇"数一数二"理论的案例正是杜拉克思想的精髓的体现：有效性是一种后天的习惯，是一种实践的综合，所以有效性人人可学；然而有效性却无人可教，因为管理没有现成的公式可以套用，学习过程中要选择自己的方向，而不是盲目地照搬或跟随别人。

在全球经济逐步接轨的市场格局中，许多作家、培训师、咨询师、教授制造大量"成功秘笈"，用来指导企业发展。然而，"尽信书则不如无书。"任何高深的理论都会有局限性，随着自然环境、社会环境、时间以及思想等众多因素的影响，照搬来的方法可能对我们没有丝毫帮助，甚至还会起到相反的作用。杜拉克认为："在现代组织中，每个知识工作者都可以成为一名管理者，他可能会被推上负责的岗位，凭借着自己的地位或知识，为真正改善组织的运作能力并获得成果作出自己的贡献。"

许多中国企业家总是希望能找到"灵丹妙药"，他们一直在学习和借鉴西方先进企业的经验，甚至有的企业直接把外国企业的整套管理机制照搬过来为自己所用，他们认为只要是好的东西就一定适合自己。这正是企业急功近利的盲目心态。这种心态的长期存在，已经不能让一些企业家真正辨清什么才是自己需要借鉴的，有许多经验只适合某些企业自身运用，并不适合自己。

刻意模仿照搬来的绝不是成功者的绝招，步成功者后尘只能是空热闹一场。这就像摘果子一样，你如果走在了后边，就只能捡别人剩下的，甚至连剩下的都捡不到，而你的时间和精力就白白地赔进去了。

借鉴成功者的经验方法，这是所有想做出点成绩的人都必须经历的过程。但必须明白一点，从别人的成功经验里是能学习一些东西，绝不是全部拿来，别人的办法只适合别人的事业，切忌将别人成功的做法生搬硬套地运用在自己的事业中。因为天下任何事情都有它自身的特点，甚至同样的事，也会因为时间、环境以及面对的人等多方面的因素制约。另外，成功法则一旦公之于众，你学他也学，它已经成了普遍规则，就不是智慧的精华了，当然也就不实用了。更何况任何人创业的秘密是绝对不会轻易地告诉别人的，也就是说，成功者公之于众的肯定值得学习，但往往不可能是创业的最关键"招数"。

因此，对于所有成功者的经验和办法，一定要抱着一种借鉴的心态去学习它，要看到哪些适用于自己，那些不适用。一定要明白，就像在沼泽地里汽车不如牛车一样，即使真的是精华思想，只要不适合自己，对你来说也是糟粕。

官僚主义要不得

一些国家在管理上存在严重的官僚主义，国家内等级制度森严，一级管一级的审批制度多如牛毛，在处理问题上不但繁琐复杂，还会在同一个问题上浪费许多不必要的时间。同理，在一些企业里也存在严重威胁效益的因素，就是企业内高度发展的官僚体制。而层级审批制度正是现代企业发展的脚镣。

层级审批制度曾经一度被奉为组织信条而且是行之有效的方法，而在现代经济中已经开始扼杀企业本身的发展，企业被官僚主义吹毛求疵的正式审核制度弄得喘不过气来，不但延误决策，还打击了生产积极性。

还有一些企业，少数派大股东在法律上成为最高决策机构的股东大会的主角，只有他们在实际决定和执行经营方针的董事会中享有支配性的发言权。可以说，企业行动基本上是在投资者的实际支配下进行的。

在这个阶段中，以讲究功效、工具理性为中心的管理组织浮出水面，并逐渐体系化、官僚化，官僚制的管理目标在于使整个组织系统维持协调运行。而那些审查预算及大部分经营决策的"精英官僚"，正是一些企业策略的规划者。他们为审查提案而举行的会议，无论是研究企业产品的新定价方法，还是审查创新设计的产品，都必须遵照规定的程序和步骤。一旦提案的创意通过这种层层考验，通常它的最佳商业机会已经错过了。

官僚主义的管理体制本身就包含着一些非理性成分。在这个意义上讲，"官僚制"与"官僚主义"的界限难以划分，正是官僚制滋生养育了官僚主义。一旦企业产生了广泛的、过度的官僚体制，便会使企业成员丧失创造激情。可以说，官僚主义日益威胁着企业的前途、命运。

杰克·韦尔奇说，我们要让公司各个阶层对官僚充满仇恨。官僚主义必须受到清除，必须排斥……我们的每时每刻都要与官僚作风作斗争，我们要粉碎官僚机构，使我们的机构保持纯洁、清新和自由。即使官僚作风在 GE 内已经基本上被清除了，我们也应该保持警惕——有时候甚至是一种猜忌，请原谅我用这个词——因为官僚倾向是人性的一部分，是容易滋生蔓延的，它就像人的天性一样，瞬间就可能占满你的思想。官僚使人感到压抑，使人不分主次，限制人们的梦想，使整个企业停滞不前。

美国企业之所以在 20 世纪 70 年代和 80 年代之交受到了挑战，不纯粹是因为其他国家开发出某些更伟大的技术，更重要的是因为它们向美国的管理技能的挑战。在这种新的竞争形势中，公司成败的决定因素，最主要在于管理能力，而官僚主义却在时时刻刻侵蚀着这种管理能力。在杰克·韦尔奇接手通用电气公司之前，处于瘫痪边缘的通用公司普遍存在这样的问题。

通用电气公司所跨行业广泛，几乎每个人都可以算是经理。在通用电气公司的40万名雇员中，有2.5万名具有"经理"这个头衔。这些经理中有500名是高级经理，130名是副总裁或处于更高的地位。在"管理"方面，这帮管理人员除了审查下级的活动之外，几乎什么也不做。理论上讲，为了保证企业沿着正确的道路前进，这种审查是必不可少的。但在实际上，经理人要耗费过多的时间填写日常表格，将自己的计划汇报给上级经理，而不是自己动手实施。

通用公司的管理结构一度被形容为像一个雕刻精细、层层相叠的结婚蛋糕。比如事业部主管必须要向资深副总裁汇报工作，资深副总裁按规定向执行副总裁汇报工作，然后向总裁汇报，最后才到集团总裁的办公室。

韦尔奇认为，像通用这样的大公司，要在竞争越来越激烈的全球市场中生存，就必须改变大公司般的行动和思考模式，破除企业内部的官僚主义。它应该学会轻巧、灵活，并开始以小公司的角度来思考。

上台伊始，韦尔奇精简了组织层次。例如，通用电气公司重型燃汽轮机制造基地，全厂有两千多职工，年销售收入达20多亿美元。全厂由一位总经理负责，他下面只有几位生产线经理，如叶片生产线、装配线、调试线等，每个生产线经理直接面对100多名工人。没有班组长，也没有工长、领班，更没有任何副职。又如飞机发动机公司，1990年开始，把厂长以下的各级组织全部取消，把协调人员、技术人员、市场销售、质量控制和供应人员与生产工人混在一起，自愿组成若干业务小组，每组20～50人，选举产生组长，自我管理整个生产工序，实行自我控制。

他还简化了企业内部官僚制的层层审批制度，在企业管理者的设置上，从公司到产业集团直至基层，都采用上层的副职担任下一层次的正职

第03章
制度设计要规范，也要抓重点

的办法，每个人只向一个上级报告工作，因而层层有职、有责、有权，避免了多头领导，做到决策迅速，办事效率高。每一个产业集团的主要负责人都是公司的高级副总裁，而产业集团的副职，都是产业集团某一主要部门的负责人，分管一个主要部门的工作。这样的干部设置既保证了产业集团一级负责人参与公司一级事务的讨论、决策，了解公司的工作目标和战略思想，以便更好地贯彻公司的总体战略，也使公司可以更好地了解下面的情况和意见，便于正确决策。这样的机构设置人人职责明确，避免了下级向上级的多头汇报和越级汇报，以及上级越级干预下面工作而产生的混乱。

在这种思想的指导下，通用公司由一个"肥型"组织机构的大企业转变为"瘦型"组织机构的大企业，使业务流程更顺畅了。

对于一些规模比较大或内部官僚严重的企业，不妨试着破除内部的官僚主义，精简企业内部层次，打造一个全新的轻巧型企业，让企业轻装上阵。

"官僚主义"者的特性表现为：喜欢夸夸其谈、不负责任、喜欢推诿扯皮等等，他们不喜欢躬亲力行、做最基础的调研考察，喜欢高谈阔论。"官僚主义"存在的地方，享受主义横行，信息不通，决策拖延，工作没有激情，机体没有活力。"官僚主义"就像病毒，侵蚀了企业的每一寸肌肤，如果不及时医治改正，那也许将是不治的顽疾！在官僚主义盛行的企业组织中，因过多的阶层阻拦和横向条块的分割，使得组织内部的信息交接和沟通出现了障碍。命令的贯彻和任务的执行不断弱化，最终的误差使执行远远偏离了预定轨道，这就造成了企业高层与基层严重脱轨，以至于矛盾丛生。最可怕的是，官僚主义作风不是明显地能看出来，没有高度的事业心、责任心，以及敏锐的洞察力，只能任这种风气滋生。

每个企业都想要快速发展并保持健康而稳定，不应该给自己任何理由去无视它的存在，必须坚决杜绝"官僚主义"作风，因为"官僚主义"是损害并毁灭企业的"隐形杀手"。

做人也忌有"官僚主义"。这里所说的"官僚主义"是说这个人做事我行我素，独断专行，以自我为中心。现在社会上这样的人大有人在。

拆毁所有阻碍沟通和找出好办法的"高墙"

真正的交流需要长时间地你看着我、我看着你，这意味着多听少说。也就是说，人类通过旨在达成共识的不断交往过程来最终了解和接受事物。

人们总是要通过一定的渠道和方式来交流信息、沟通思想、协调行动的。如果沟通渠道堵塞，互不通气，就会造成了解情况上的片面性，"听风就是雨"，引起认识上的偏见和感情上的隔阂。信息传递失真，也会产生误解和歧视，引起冲突。例如，在一个企业，往往由于信息渠道的不畅，设计、供应、生产、销售几个部门常常会在工作中发生冲突。

管理从某种意义上来讲也是一种交流，管理者将管理的信息发布出去，被管理者接到信息就会按照指令做事。信息传播的途径通畅与否，直接关系到管理的成效。

然而，在许多传统组织中，信息传递的准确性总是会受到种种干扰。公司的老总将任务交给下面的经理，经理又根据自己的理解将任务交给下面的项目负责人，项目负责人再把下面的人找来，又根据自己的理解作一番布置。在这样的信息传递过程中，不可避免地出现了信息的变形，产生了种种信息壁垒。

好在这一局面正在改变，有越来越多的管理人员意识到了沟通的重要性。

通用电气公司前 CEO 杰克·韦尔奇，当年差点因为壁垒森严、信息不畅的弊端而离开通用电气公司。后来，等他坐上通用电气首席执行官的位置之后，所作的重大决策之一就是拆除壁垒，痛击官僚主义。

他在1981年被任命为公司首席执行官。他打破了公司的等级制，削减公司总部职员，并且责成10万职工致力于他所认定的几大核心业务。等到这些举措给自己制造了危机之后，他又着手调动组织的感情能量和创造精神。在他看来，中层管理人员的工作应当重新定义："他们得把自己看成是身兼教师、拉拉队队长和解放者三职的人，而不是只充当控制者。"他其实是希望每一个中层管理者都可以自由组织人员，提出自己的意见和办法。

韦尔奇强调以价值观为基础的理性而不是非理性，这一点从他对通用电气公司的内部决策所作的指示里就可以明显地看出来。他更为强调的是共同掌握事实和决策所依据的设想，而非决策之逻辑本身："大家同舟共济，人人都拥有同样的信息……一旦人们不能得到所需的信息，混乱就产生了。"

在英语中，"沟通"一词来源于"分享"这个拉丁语词汇。进行沟通时需要特别注意的问题是，沟通必须是互相分享，必须是双向的，这样沟通才能有效。良好的沟通不仅仅是倾诉，聆听同样重要。

在微软公司，沟通的问题就不是那么难以解决的。比尔·盖茨把他与员工们之间的沟通称作"弹指间的信息"。早在20世纪80年代初，比尔·盖茨就在微软安装了第一个电子邮件系统。很快，它便成为公司内部通信和管理的主要方式。

比尔·盖茨每天要花几个小时来阅读电子邮件，并作出答复，这些邮件来自全球的雇员、客户和合作者。公司中的每一个人都可以把电子邮件直接传送给他，越过所有中间层次的阻隔。他似乎相信人们口头上都具有"报喜不报忧"的倾向，而在一种不必见面的交流方式中更有可能流露真情。

盖茨认为，坏消息几乎总是从电子邮件中传来。所以，他每天晚上睡觉之前必定要把自己的便携式电脑和公司系统连接起来，与公司雇员交换新的信息和想法。即使是在旅行当中，在远离总部上万公里的地方，他也要检查一下自己的电子邮箱。他说这样才能让他放心。由于电子邮件的充分利用，使得微软所有的职员都能在第一时间得到微软公司和比尔·盖茨发出的最新指示，这使得整个公司的办公效率在同一时间内高速运转了起来。

不难发现，给员工提供多少信息并不是最重要的，或者说传达这些信息的效果如何也不是最重要的。关键是，如果他们不能对此作出回应，那么就没能建立起沟通渠道，而仅仅是一个形式而已。网络的发展，实际上为沟通打开了更大的空间。

企业内部交流的障碍及其消除往往受到多种因素的影响，主要表现在文化、组织结构和心理方面。

（1）文化方面的交流障碍

一个组织内部之间文化水平如果比较接近，信息沟通就容易进行。

（2）组织结构方面的交流障碍

组织结构方面的障碍包括角色地位障碍、空间距离障碍、交流网络障碍。一般说来，组织规模越大，成员越多，处于中层地位的人员相互交流的次数将增加，而上下层地位的人员相互交流次数会相应减少。尤其是企业经理，常常因为自恃高明、目中无人，听不得不同意见，独断专行、瞎指挥而容易阻塞上下信息的交流渠道。从部属来说，他们怕得罪经理和主管，有问题往往不反映，或报喜不报忧，造成信息虚假，影响到企业的健康发展。

再就是空间障碍。空间距离对信息交流及其效果有着很大影响。一般说来，双方面对面地进行交流有利于把复杂问题搞清楚，提高交流效果。

还有交流网络障碍。在组织中，合理的组织机构有利于信息交流。如果组织机构不合理，层次太多，交流网络不完善，信息从高层传递到基层既容易产生信息走样，又会使信息失去时效。因此，组织要精简机构，减少交流层次，建立健全交流网络，经理要尽可能地同下级和普通部属进行直接交流，使信息传递渠道畅通。

（3）心理方面的障碍及其消除

①认知障碍。主要表现在：过高地评价自己或过低地评价自己。在组织中，部属对自己评价过高，就会表现出一种优越感，喜欢自吹自擂，对其他部属不尊重，这样就容易堵塞交流渠道。

②情感障碍。主要表现为：情感反应过于强烈和过于冷漠。情感反应过于强烈是指在交流时不分场合和对象，不顾轻重恣意纵情的现象。为了克服这种交流障碍，要学会情感的自然调节，把握情感的尺寸，既不能过分热情，也不能过于冷漠。

③信任障碍。在组织信息交流的过程中，人与人之间，尤其是经理与部属之间关系融洽、相互信任，双方就容易交流。为了克服这种交流障碍，以改善和提高交流效果，交流双方要做到相互尊重、相互信任。

④态度障碍。在组织交流中双方的态度各不相同，会造成交流的障碍。

⑤性格障碍。信息交流在很大程度上也受性格特征的制约。所以，一个经理要有高尚的性格品质才能取得组织成员的信任，才不至于造成交流上的障碍。

组织活动的核心是沟通，无论员工的职业技能水平有多么高超、产品的价值多么令人瞩目，缺乏有效合理的沟通，任何企业都不可能完满实现其目标。现代企业的管理过程，越来越重视沟通。如果我们还没有重视到这一点，从不理会沟通之间的藩篱，那我们将在封闭中自生自灭。

现在企业的管理过程，已经逐步趋向于沟通的过程。沟通是意见与意见的交换，是心灵与心灵的交汇，是精神与精神的交融，是企业和谐走向成功的重要端点。所以，我们应把工作归于实务而不是幻想。

二八法则：重要的多数和烦琐的少数

不能搞平均主义，平均主义惩罚表现好的，鼓励表现差的，得来的只能是一支坏的职工队伍。

1897年，意大利经济学家帕累托在他从事经济学研究时偶然注意到了19世纪英国人的财富和收益模式。在调查取样中，他发现大部分所得和财富都流向了少数人手里，但他同时发现了两项非常重要的事实。第一项发现是：某一族群占人口总数的百分比和该族群享有的总收入或财富之间有一个数学关系，即20%的人占有80%的财富。让帕累托真正感到兴奋的是另一项发现，那就是这种不平衡现象到处都存在，并会重复出现。

不管是早期的英国，还是与它同时代的其他国家，或是更早期的资料，相同的模式一再出现，即20%与80%的比例关系。后人对于这项发现有不同的命名，例如帕累托法则、帕累托定律、二八法则、二八定律、最省力法则、不平衡原则等。这就是二八管理法则的由来。

二八法则充分说明了经营企业不应该面面俱到，要抓关键的人、关键的环节、关键的岗位和关键的项目。也就是说，管理者要将主要导向和主要精力放在20%的少数以带动80%的多数，以提高企业效率。一个较小的诱因、投入或努力，往往可以产生较大的结果、产出或酬劳。几乎在所有事物上，导致事物的最终结果都可能只归因于少数的原因、投入和努力，而其他大部分的工作只能带来微小的影响。也就是说，你80%成果的取得，是出自20%的付出。

如果灵活运用二八法则，不仅可以使公司的利润大大增加，而且可以使整个公司都能脱胎换骨。

乔治亚公司是一家年营业额达到数百万美元的地毯供应商，这家公司过去只卖地毯,而现在它还出租地毯,出租的是一块块接合在一起的地毯,而非整块地毯。

原来这家公司意识到,在一块地毯上,80%的磨损出现在20%的地方。通常,地毯到了要替换时,大部分的地方仍然完好无缺。因此,在公司的出租计划中,一块地毯只要检查出有磨损或毁坏,就给客户更换那一小块磨损或毁坏的地方。这种做法同时降低了公司和顾客的成本,使该公司的业务蒸蒸日上,而且引起了许多家同行的仿效。

二八法则所提倡的经营指导思想,就是"有所为,有所不为"的经营方略。这一企业经营法则之所以得到国际企业界的普遍推崇,就在于它用20%的比例确定了经营者管理的大视野,让企业家们知道,要想使自己的经营管理突出重点、抓出成效来,就必须首先弄清楚企业中的20%到底是哪些,从而将自己经营管理的注意力集中到这些20%的重点经营业务上来,采取有效的倾斜性措施,确保重点方面得到重点突破,进而以重点带全面,取得企业经营的整体进步。

美国、日本的一些国际知名企业,经营管理层都很注重运用二八法则进行企业经营管理运作,不断调整及适时确定企业阶段性20%的重点经营业务,注重从这一经营法则中体会如何采用得当的方法,将一个规模很大的企业管理得有条不紊,使那些重点经营业务在管理中得到突出,并有效发挥带动企业经营全面发展的"龙头"作用。

被称为"20世纪最大投资失败"的铱星公司倒闭,就是被"二八法则"击败的典型事例。铱星公司出身豪门(后台是大名鼎鼎的摩托罗拉),其所推出的铱星电话——"在世界任何地方都能打通的电话"技术上的先进性举世无双,可就是这样一个"天之骄子"却在投入运营两年后不得不宣布倒闭,原因何在?

除了运营方面的种种失误外,最重要的败因正是它所追求的"覆盖全球"的理想。不要忘了,地球表面的80%以上是人迹罕至的海洋、极地和高山，为了将这些地域纳入通讯网络，铱星公司不但要发射大量卫星，还要负担维护其运转的巨大费用，可是这些地方所能产生的利润却微乎其微。这些成本最终都要由另外那20%地区的用户负担，这就是造成铱星电话价格过高，无法和普通移动电话竞争的原因。

二八法则给我们的一个忠告是：应该把精力用在最见成效的地方，所谓"好钢用在刀刃上"，要善于抓住机遇。在激烈的商业竞争中，当足以决定成败的战机出现时，就要敢于将大部分精力投入进去以争取胜利。如果一味地强调平衡，死守"一分耕耘，一分收获"的所谓"公理"，那么就会受到二八法则的惩罚。

二八法则对管理的启示有如下几点。

（1）管理要具有全局观念

从二八法则出发，既要掌控总体的20%，也有必要了解总体的80%。在这一点上，有一个关键因素，那就是要具有直观想象全局的能力。

（2）人力资源战略

一视同仁可能无助于提高企业整体效率和竞争力，在人力资源管理中，往往是20%的人完成了80%的工作任务，因此企业要保证稳定的人力资源结构。作为管理者，任何时候都要保持清醒的头脑，要分析本企业20%的核心成员是谁，他们需要企业给予什么帮助，这些人各有什么特点和优势？有什么缺点？以便采取相应的对策。通过重点培养和激励20%的骨干力量，来带动企业另外80%员工的积极性和创造性，促使他们向20%的骨干力量学习，从而使整个企业的人员素质、工作效率和业绩不断地向上攀升。

（3）营销战略

应专注20%能够带来高利润的核心技术和产品。另外，发展并留住客户的成本也是不等的，一般来讲，发展新客户的成本是留住老客户的5倍。重点要留住老客户、忠诚客户，也是因为这20%的客户能够带来80%的利润。

明确企业经营应该关注的重要方面,从而抓住重点、以点带面;要抓住为企业创造80%利润的少数关键人才,并采取相应的措施重用这些人才。

让员工拥有弹性的工作计划

为员工营造一个自由发挥的创造性的工作环境,可以最大限度地引爆他们的知识能量,让企业在人才竞争中赢得优势。

随着信息技术的迅猛发展和办公手段的日益完善,固定的工作场所和工作时间已经没有多大实际意义。固定的工作程序和规则只会限制员工创造力的发挥,不利于员工更好地成长。鉴于此,管理者进行工作设计时应力争体现员工的个人意愿和特征,避免僵硬的工作模式,让员工拥有弹性的工作计划。具体地讲,也就是在完成规定的工作任务或者固定的工作时间的前提下,员工可以自行采取可伸缩的工作时间,安排工作实施计划,以及灵活多变的工作地点,为员工营造一个自由发挥的创造性的工作环境。弹性工作计划使员工能更有效地安排工作与闲暇,达到时间和精力的合理配置,有利于员工更好地完成工作任务。

1911年,IBM在美国成立。经历了近百年的风风雨雨,今天的IBM已经成为计算机市场上的"大哥大",它垄断了全世界所有发达国家的大型计算机市场,领导着计算机行业的发展潮流。IBM的领导者认为,IBM的成功凝结着千千万万员工的辛劳和智慧。在他们眼里,每个员工都有着无穷的潜力。只要给员工能够充分发挥聪明才智的空间,他们就能创造出奇迹来。

在实际工作中,有上进心的员工希望看到通过自己的工作设计完成工作,使公司得以健康发展,而不是在管理者的指导下完成任务。后者容易使人把"完成工作"归功于管理者指导有方,前者却能充分展示员工的实际实力,满足员工的成就感,使员工深刻体会到价值。用一位成功企业家的话来讲，"是骏马，给你草原尽情奔驰；是雄鹰，给你蓝天展翅飞翔"。为了激发起员工的主观能动性，IBM公司采取了独特的激励方式，给予员工极大的工作自主权，使他们可以像公司管理者那样自己确定工作任务。

从1936年开始，IBM公司便取消了传统定额和奖金，取消了计件工资，代之以正式薪金。在决定正式薪金时，公司并不规定某个工人一个月或一年的产量应是多少，而是由工人自行确定一个月或一年的产量，并以此产量来决定其月薪或年薪。让员工自主安排产量，不但增加了员工对自身工作情况和能力的了解，还使员工摆脱了固定产量的束缚，有效地调动了所有员工的积极性、创造性，提高了生产率。更为重要的是，员工们都自觉地学习技术、提高能力，进而使IBM公司的劳动生产率和利润不断上升。

让员工拥有弹性的工作计划，对于高科技型员工来说尤为重要。它可以最大限度地引爆他们的知识能量，让企业在人才竞争中赢得优势。相对于一般的员工，高科技型员工更多地从事思维性工作，具有特殊的技能，掌握着作为第一生产力的科学知识。这类员工对工作的自主性要求相对也比较高，他们不喜欢刻板的工作方式，不愿意受制于物，更无法忍受上司的监控和指挥。

因此，对于高科技型员工，管理者更应以弹性的工作计划来满足其需要。在实际管理过程中，管理者只需对高科技员工知识需要的投入和产出进行控制，工作过程、标准、方法、进度由他们自己安排，实行自我管理、自我监督。不要让他们受时间和空间的限制，更不要用刻板的方式来约束他们。过多的监督、控制和约束，只会扼杀高科技型员工的创造天性，束缚他们的个性张扬，不利于其能力的正常发挥。

据报道，美国不少高科技企业为了激发员工的工作热情，留住来之不易的尖子人才，纷纷为员工打造弹性工作的平台。

才华横溢的乔治，在美国硅谷的一家网络终端公司供职。在那里，他有个好听的绰号——"快乐工程师"。3 年前,乔治于斯坦福大学毕业。他非常渴望得到一份既能赚钱又不耽误白天打高尔夫球的工作。乔治是个超级高尔夫球球迷,到网络公司应聘时,乔治明确地将这一就业愿望表白了出来。该网络终端公司了解到这一切后,当即满足了他的要求,乔治兴奋极了。到该公司就职后,乔治每天早晨 10 点左右起床,11 点开始跑步,午饭后稍事休息便出去打高尔夫球,直到晚饭后他才真正开始工作,但工作效率和质量都非常高。现在,出色的工作业绩已使乔治身价倍增,许多世界知名公司纷纷向他发出了"邀请函"。但乔治毫不心动,他说:"原因很简单,在这里我有独立工作的自由,以及更具张力的工作安排。而我需要它们,喜欢它们。是'自由'给了我无穷的创造力。"

"管理中没有激励是万万不可的,但同样不存在万能的激励措施。"作为一名现代管理者,永远不要企图仅通过"弹性的工作计划"这一激励措施达到激励员工的目的,更不能企图用一个"弹性工作计划"去激励所有的员工。

在企业中,员工的能力良莠不齐,这是不容回避的事实。因此,制定弹性的工作计划不可等同划一,应因人而异。在具体操作过程中,管理者首先应从宏观上设计出合理、公正的组织激励方案,然后,再从微观上针对不同员工的特点和真实情况灵活而综合地制定出"弹性的工作计划"。这样,"弹性工作计划"才能有针对性地激励员工,最大限度地激发每个员工的潜能。

"弹性工作计划"只是在一定程度上给了下属一个自由空间,并给了下属一定的激励,它可以降低因工作时间过长而带来的感官疲劳,并且提高工作中的民主性。弹性工作计划的实行,使员工乐于在工作中接受更大的压力,使管理变得更加和谐,减少了与上级领导之间的隔阂。这是一种无"薪"的激励,而这种无"薪"的激励,则更能体现出管理者的领导能力和企业的管理水平。

• 第 04 章 •

制度原则:坚持"情、理、法"并重

凡事务必求得"合理"

1.全面权衡，防止"一叶障目"

作为企业领导者，除了定期对员工进行评估，开诚布公地谈论已取得的成绩和存在的不足，一起制定下一阶段的工作目标外，要想取得绩效评估的良好效果，你还必须掌握以下的评估技巧。

（1）"三明治"式的工作评估。

"三明治"式的工作评估，指的是评价下属的工作时，你可以选择三步走的做法，先肯定下属的工作成绩，然后再具体地指出他工作中的不足，最后提出你对他的期望。这就好比"三明治"一样，将批评夹在好与期望之间，令你的下属更易于接受你的评估。

评估下属工作成绩时，描述问题要力求准确，泛泛而谈是不能起到好效果的。因为，你的下属不能具体知道自己的工作到底是好还是坏。泛泛评估根本就不能说服你的下属，反而让他觉得你是在有意和他过不去。

在评估下属工作时，与其说"你的这份报告做得太马虎了，我实在不能接受"，还不如说"你的报告中的数据不够准确，市场分析也不够精确，与当前真实的市场情况尚有一定差距……"这样，你的下属必定会心服口服，无话可说。

对下属提出的期望要诚恳。如"你是个很有进取心的年轻人，我希望下次你做得更好"，"我发现你的工作每次都有进步，我真高兴，相信你一定能给本部门作出更大的贡献。"不要小看这几句评价的话，它能让你的下属在接受你的评估后备感温暖，工作更有激情。

（2）避免"心理移情"。

在我们与人的交往中，经常会无缘无故地对一个人心生好感，而也可能对一个不认识的人厌恶至极。对于喜欢的人，你愿意与其长久交谈，把他的一切都看成优点；而对不喜欢的人，你的眼光总是停留在令你不快的缺点上。这就是"心理移情"作用。

中国企业的一些领导也往往不能免于此，对自己喜欢的员工时常会赞誉有加，而对自己不喜欢的员工则往往吹毛求疵。作为一名优秀的企业领导，在给员工绩效评估时千万要避免这种情况。

你在为下属作绩效评估时，应在心中先问问自己："我对这个人看法如何？我喜欢他吗？我不喜欢他吗？为什么？"如果你不能找到足够的原因加以证明，那你极可能受到了潜意识的影响，而这些潜意识形成于一些和工作无关的事。

其实，你和你的下属在处理相互关系时不知不觉地会有这种现象。如你可能有个下属，他非常依赖于你，总是问你许多问题，不断征求你的意见，力图让你开心，未经你的允许从不敢擅下决定。如果你有弟弟妹妹，你很喜欢他们，他们也总是依赖于你，你习惯于接受他们的求助并给予帮助，你就可能对那个员工产生积极的心理移情现象，在潜意识中把他当做你的弟弟妹妹之一。

然而，同样是这个员工，也可能使别的企业领导难以忍受或发怒。因为这个领导者很不喜欢弟弟妹妹式的依赖，自然而然也就憎恶下属的依赖，对他缺少独立工作能力不能容忍。

又如，你可能有一个下属员工独立工作能力很强，善于创造性地开展工作，他不常征求你的意见，甚至也不在意你的赞美。你可能喜欢他，理由充足：他使你免于分心，专注于其他事情。这种反应是基于理性，基于你的工作习惯，而不是基于心理移情。

而另外的一个领导者，由于过去他的小妹妹擅自行动，无视兄长和父母的劝阻，曾使家庭陷入非常尴尬的境地，那么他就会对下属员工的过分独立表示不满，认为他应该更多地征求领导的意见。

这样的例子会让你清楚地认识到，你为什么喜欢某种行为或某个员工。只有当你对这种情况保持警惕时，你才能做到评估的是下属的工作而非其个人。

因此，在你对某些事情或个体员工进行评估之前你必须具备翔实可靠的资料，全面回顾过去一段时间的工作情况，并且明确自己的态度，保持警惕，不让个人感情影响评估的公正性。

（3）全面评估，避免一叶障目。

在企业当中，那些工作表现好、业绩出色的员工往往容易受到领导的偏袒，而对于那些有失败、过失记录的员工来说，他们在领导心中多少会留下一些不良的印象。但事实上，有些过失的员工往往比那些暂时表现出色的员工更具有发展潜力，只不过是没有遇到机会展示罢了。

作为一名中国式领导，应该懂得，员工工作的好坏与他是否犯过错误，是否有过失败的经历并没有关系。失败和过失都是暂时的，不代表他一生都这样，你的任务是客观、正确地评价员工在各个阶段的工作业绩，并不断地使其能力得以提高。

当然，员工取得业绩是一件大家都高兴的事，值得为之骄傲，但你同样不能由此产生出一种个人偏好或憎恶的情绪。你对某位员工的偏袒，虽然在很大程度上给他信心以及继续挑战工作的勇气，甚至是更多的工作机会，但势必会让其他员工心存不满，打击他们的积极性。

因此，消除你心中的成见，以公正的态度对待每位员工所犯的错误和所取得的成绩。只有客观、全面的评估，才有可能避免犯一叶障目的错误。

2. 不要因奖励一个人而失去很多人

中国企业的领导的眼中，不能只有"超级明星"，还要有整个企业。企业领导者是金字塔的塔尖，而更多的企业员工是金字塔的基座。事实上，所有赢利的企业都是靠拥有中等技能、知识的一群人，加上少数的"明星"来运作的。

只有一个人频繁地得到某种奖励或认可，就意味着其他人都是失败者。偶尔，某个人会比其他人更为突出，这时没有谁会妒忌他所得到的褒扬——但这种事并不多见。企业领导如果非要从一批非常出色的员工中挑出一个人来，常常会挫伤其他员工的积极性，并导致他们工作表现的恶化。

对于这种奖励导致的团队不和、破坏情绪的现象，许多领导者采取轮流得奖的方法来解决这一问题，他们尽可能地使每个人至少在一段时期里能够取得一定的认可。但是，如何才能真正解决这个问题呢？

（1）只要有良好的工作表现，就予以认可，不要等什么奖励周期。

（2）鼓励员工相互表示对各自工作的认可。来自同事的认可，其意义与来自领导的认可相当，有时甚至更有作用。当然，两者都有的话是最好不过了。

（3）对特别杰出的员工，你的行为应注意恰到好处。因为这样的员工，大家公认他是最出色的。有时，你应该事先把获奖者的提名向员工们公布，让员工们也得到评价的权力，或许员工们对谁应得到奖励心里最有数。

总之，在你和你的员工对所有出色的工作都能予以认可前，不要采用这种只让一人独得的奖励。不应该鼓励手下的员工互相竞争，"只让一人独得"的奖励正好犯了这个大忌。这不但不能促进合作，相反却很容易使员工互相保密，拒绝向别人提供帮助。

很多企业对最常见的认可手段——工作评估，制定了严格的条件。不知是什么原因，人们认为严格限制得到高分的人数会有好处，这种想法很不现实。作为企业领导，你真正应该做的是，设定一个需要全力以赴才能达到的高标准，然后，尽力使所有的员工都能达到这个标准。这时你就可能说："当然喽，我的手下个个都非常出色。"

企业领导不能只频繁地奖励一个人，领导的眼中不能只有"超级明星"。须知，世界上知名的大企业能够取得今天的成就，全靠企业全体成员的共同奋斗。

3. 学会拒绝员工的不合理要求

要是在全年最忙的几天，有员工要请假，或者别的领导想从你部门借一名员工用一周，你很可能会一口回绝："不行。"

一些平常你有可能同意的要求，在某些场合下却不得不回绝。所有人都想顺人意、讨人爱，但在工作中难免要拒绝别人的一些要求——有的要求合情合理，另一些却可能是非分要求。

下面是管理者非坚持立场不可的一些例子：

（1）不能批准员工的休假。

这里有两种情况：要么是你的下属没有按照安排休假计划的规定办事，要么是这段时间已经安排给其他员工休假了。要是前一种情况，就应该让下属知道他没有遵守规定。你应该这么对他说："很抱歉，我们打算在那个星期盘点存货，一个人手也不能缺。你知道，正因为这样我们才规定每年的一月安排休假计划。"

有时，员工的请假要求与别人预先计划好的休假有冲突。遇到这种情况，企业领导要让他明白，批假的原则是"先申请先安排"，所以不能批准他的请求。不过，可以准许他与已安排休假的那个员工协商掉换休假日期。

（2）员工要求加薪或升职。

遇到那些特别尽力进取的员工请求加薪或升职时，要开口说"不行"实在是一件很为难的事。特别是有时员工的职位、薪酬早该变了，但预算紧缩、生意清淡，或其他因素使你无法对他们的勤勉予以奖励。这时，最好如实相告，说清楚为什么不能提职或加薪。

处理这类问题时，切忌作超出你职权的承诺。即便你说了你承诺的事要视将来情况而定，如等生意出现转机，预算松动之后等，员工仍可能把它看成是正式的承诺。

（3）员工要求改变上下班时间。

照顾子女、交通问题以及其他事情常常给员工带来困难。能与员工配合，帮他们渡过暂时的困难当然好，但不一定总能行得通。关键是怎么说"不行"。如果员工感到你对他的困难漠不关心，他就很可能另谋高就。

具体处理时要尽可能灵活，探讨各种可能的办法，这样即便不得不否决他的请求，你为此所作的努力也有助于消除员工的怨恨。

有些时候，准许员工偶尔稍许迟到或早一点走，不是什么大不了的问题。重要的是一定要事先征得你的同意，不然，你迟早会发现下属自行其是确定上下班时间。

有时你准许某个员工提前下班，而有时候又不得不否决这类要求，这时一定要跟员工讲清楚原因，否则，他们会认为你办事没有原则或偏袒某些人。

（4）员工要求调到另一部门。

如果是一个可有可无的员工请求调动，那就赶快批准，你还应该庆幸自己的运气。但要是你最得力的员工请求调动，而且是在大忙时节，或在一时找不到人顶替的时候，千万不要断然拒绝，因为那样会使一个好员工消沉下去。

你应该跟他坐下来谈谈为什么要请调，通过交谈才会发现问题在哪里，也许你会发现促使他调动的原因可能与工作无关。可能是他与某位同事关系紧张，也可能是一些通过调整工作可能解决的问题。

如果谈话毫无结果，没有什么能使他改变调动的想法，你只有拒绝。但要尽可能减少给他造成的消极影响，尽量给他一线希望。比如，你可以说："现在不能调，过一两个月再看看有没有机会。"

这样做不仅为你赢得了考虑其他可能性的时间，而且在这段时间里，员工的想法也可能发生变化。不管怎样，领导对员工的调动要求表现出关心，有助于减轻拒绝对员工造成的伤害。

兼"情"顾"理"，点到为止

1. 惩之有理，刚中有情

如果下属员工犯下了不可原谅的错误，理应受到应有的处罚。简单的惩罚并不能从根本上让人心悦诚服，也不能从根本上防止此类错误的再次发生。这时候，就需要管理者采取一些必要的管理艺术与手腕，将"情"与"理"有效地融为一体，实现惩罚的目的。

管理者在惩罚员工时，应注意以下四点：

（1）决不轻易放过第一个以身试法者。

千里之堤，溃于蚁穴。再严明的法纪，也经不住员工们一次又一次的违反、破坏。为了维护法规、制度的严肃性，企业领导必须及时捕捉第一个胆敢以身试法者，教育本人，从严处置，同时教育更多的下属。这种治理方法，又叫"枪打出头鸟"。第一个以身试法者，犹如出头之鸟，一来数量少，容易惩处；二来影响极坏，倘若不及时打掉，后面势必会跟上来一群。因此，就凭这两点，企业领导也不应轻易放过这第一个以身试法者。

（2）重点惩处性质最恶劣者。

有时候，你会同时遇到好几个违反法规的员工。如果不分青红皂白，一律加以严惩，一来打击面过宽，起不到应有的教育、挽救作用；二来对工作和生产也会产生不利影响，甚至会因此而蒙受一些不必要的损失；三来领导树敌过多，不利于以后搞好上下级关系。

为此，领导者在从严处置时，不能不讲究方法和策略，尽可能扩大教育面，缩小打击面。企业领导应从若干个违法之人中，**精心挑选性质最恶劣、影响最坏的一个，予以重点惩处**，同时对其他几个违法情节较轻，认识态度也较好的下属,给予适当的批评教育。这样做,不仅能教育多数下属,而且也能使受到严惩的人,陷于孤立的境地,从而切实收到惩一儆百的良好效果。

(3)惩处违法者,应做到合情合理。

在管理员工中,任何惩罚手段都是无情的。但是,中国企业领导在运用这一无情手段时,应该尽量做到合情合理。所谓合情,就是合乎人之常情,惩处方式不过火,不偏激,不超过常人的心理承受能力,能被多数人的感情所接受;所谓合理,就是要惩之有理,符合有关法规、制度、条文的精神,分寸适度,使人心服、口服。只要领导者能做到严之有理、刚中有情,就能收到预期的良好效果。

(4)辅以必要的关心、帮助和教育。

在惩处违法者时,领导还要对下属辅以必要的关心、帮助和教育,只有"视卒如爱子"(孙武语),你才可能使下属懂得,对他的严格要求实质上也是一种爱护,从而使下属从心底接受领导的管束,接受对自己的惩处,逐步将自己铸造成一个能和企业协调运转的合格"零件"。

以上四点是企业领导在惩罚员工时应该特别留心的。当然,在具体实践中,你所采用的方法手段还可以更加巧妙一些。总之,中国式领导从各个不同的侧面,充分发挥应有的聪明才智,就可以同时收到惩处、团结、教育下属的综合效果。

2. 把握好奖惩的共性原则

企业的员工应该是主动工作和认真负责的,那些屡犯错误、消极疲沓的员工应该受到相应的惩处。当然,这种惩处并不意味着不允许犯错误,也不等于说,凡是犯了错误的,都应予以惩罚。惩罚的关键不是针对所犯的错误,而是员工的责任心,看他是否尽到了自己的工作本分。

实际上,对于有上进心的员工来说,失败乃是成功之母。许多企业的优秀员工,并不是他们没犯过错误,而在于他们是为了创新而犯错误的。

因此，他们犯错误的次数越多，所积累的经验越丰富，他们创新成功的可能性就越大。

为了充分发挥员工的积极性，中国式领导必须对下属的工作作出合理的、公正的评价。正确地评价他们的工作，估计他们的责任心，是对他们进行奖惩的基础，也是提升或调离他们职务的依据。

任何一个办得好的企业，它的员工之所以能尽职尽责，主要是因为它对员工能及时、公正地进行评价，同时，又以此评价为依据，对他们作出恰当的奖励或惩处。凡是这样做的企业，它的各级员工就能尽到自己的责任，他们能保持旺盛的工作热情，有上进心，他们很自然地就在工作中展开了竞赛。

久而久之，在该企业中就会形成一种良好的工作作风和传统习惯：以上进为荣，以消极平庸为辱。这种优良传统的形成，是企业的精神财富，是无价之宝，是财运亨通、年年赚钱的基础。

要对员工的工作作出正确的评价，必须有一整套的评价制度和方法。对一个员工的评价，必须是全面的和系统的。评价一个下属的工作成绩，切忌片面性和主观性。因此，对一个员工作出正确的判断需要经过较长时间的观察、检验和比较，而不是草率地根据一两件事就对他的品质、责任心和工作能力作出判断。

在进行评价的时候，要听其言，观其行，要把他所作出的实际工作成绩作为衡量的主要标准。在一家公司里，首先要看他的工作是否推动了公司的发展，是否有助于公司完成它的目标。企业要特别防备那些只会说而不会做的人，要奖励那些埋头苦干和认真负责的员工。

在奖惩员工的过程中，中国式领导要把握好奖惩的五个共性原则：

（1）多奖少罚。

奖励的作用在于鼓励良好行为重复再现，处罚的作用在于抑制不良行为重复再现。从这个意义上讲，必须多奖少罚。

（2）奖罚分明。

有的企业领导碍于面子，对下属的错误不敢处罚；还有的领导，气量狭窄，对有功的下属不给予奖励。这都是与奖罚分明的原则背道而驰的。

（3）奖罚公平。

奖罚只与工作效果、工作能力、工作态度相联系，而不能与其他事物如感情、关系等相联系。

（4）奖罚规则尽量明确。

把奖罚的规则尽可能形成明文的规章制度，以防止奖罚的随意性。随意奖罚，就可能使得奖罚产生不公平。"尽量明确"意味着有部分奖罚，是不可能用规章制度的形式事先明确表述的。事物是发展变化的，领导者不可能事先预知下属在将来可能发生的一切行为。但是，应尽可能地把奖罚规则事先清楚地设定。

（5）奖罚应指向具体行为。

奖励应该和下属的具体行为相挂钩，使他明确地知道什么行为是被领导所欣赏的，需要被加强的。比如，有的领导给下属发一笔奖金，并且表扬下属说："你的工作很出色，给你100元奖金。"这样的奖励效果就比较差。因为奖励没有和具体行为挂钩，奖励失去了行为导向作用。类似"你的工作很出色"的界定，含义模糊，指向不明。

除此之外，还有一种更加糟糕的奖金发放方式，习以为常地出现在许多企业员工的工资单上，几千元的奖金数额，却没有任何说明。这样的奖励方式就属于"投资大、效果差"。同样的道理，处罚也应指向具体行为，才能使下属明白什么行为是要被抑制的。

3. 渐进式罚则

任何一个中国式领导都离不开惩罚这一管理手段。为了实现既定的战略目标，维持组织的生存发展，领导者就必须合情合理地运用奖惩手段，激励那些有助于达成战略目标的行为，相应地抑制或减少偏离目标的行为，使组织全体成员发愤图强。

相比较而言，处罚下属最适宜的方式是采用渐进式罚则。

渐进式罚则是一种纠正违纪规则和行为的系统方式。一个典型的罚则有六个步骤：第一步是非正式警告；如果警告不起作用，就要采取后继步骤。后继步骤依次为：口头批评、书面警告、留职察看、停职，最后为开除（如需要）。

在大多数企业中，每位员工在一天工作开始时所处于的工作状态是很重要的。如果有一个员工迟到了，就会影响整个部门的工作。

假设一位员工在他开始工作的第一个月就迟到3次，你找他谈话后，他连续几个月都按时上班。但是，他上周又迟到了，今早也迟到了，并且没有恰当理由，可见你与他关于迟到一事的非正式谈话没有任何效果，所以现在你应该对他使用渐进式罚则。

（1）口头警告：非正式警告。

渐进式罚则正式开始的第一步骤经常被称为口头警告。你把这名员工叫到一边并提醒他，你与他以前谈过迟到的事。因为他连续上班迟到，你必须提醒他注意，你的企业或部门是不能容许这种行为的，告诉他如果继续迟到你将对他采取什么行动。

（2）面对面批评教育。

如果一位员工在受到口头警告之后又重犯错误，下一步就是批评教育。这种谈话与口头警告不同，它比较正式。口头警告通常比较简短，经常在房间安静的情况下进行，而面对面的批评教育则一般时间较长，而且通常在一间办公室或一间会议室内进行。

对于面对面的批评教育，企业领导通常应该精心准备，并就解决问题的方法达成共识。鉴于口头警告达成的解决问题方法通常是口头的，面对面的批评教育所达成的解决问题方法应该形成书面形式。这不仅可以提醒领导与员工双方记住所达成的共识，它本身也能起到文件的作用。

第04章
制度原则：坚持"情、理、法"并重

（3）书面警告。

渐进式罚则的下一步就是对犯错误的员工进行书面警告——记载员工所犯错误的一封信或表格，它们被放入员工的个人档案。书面警告通常比前两步更为严肃，员工一般都不愿意在个人档案中留有污点，即使是书面警告，对他们也有威慑作用。

如果书面警告是关于工作业绩不佳的，你应详细说明工作业绩标准是什么，并指出这位员工的业绩差在何处。你还应该说明：你已采取了什么措施帮助这位员工提高他的业绩。你做的这些会保护你免受潜在的指责，这些指责人可能会说，你没有作任何努力帮助员工提高工作业绩。

（4）察看处罚。

到目前为止，你为了改变员工的工作业绩和行为表现所作的一切努力都是积极的，并且你还提供了相应的措施。如果仍然没有效果，下一步则应当是对这名员工进行察看处罚，你应设定一个解决这个问题的最后期限。

你现在所做的是给你的当事人一个改正错误的机会，在你对他进行某种形式的处罚之前，他应该改正自己的错误。大多数人都认为察看是很严重的处罚，因为他们知道你把它是当回事的。

实施渐进式罚则的两个主要目的是解决员工的作业不良和品行不端的问题。如果员工工作业绩不佳，察看处罚就是解雇的最后处罚步骤。如果所有的再培训、劝告和教育方法都不起作用，你还可以让这名员工在察看阶段改正错误，给其最后一次机会。如果这也不起作用，其他的处罚方式不会起任何作用。当然，你还可以把这名员工调到另外的工作岗位，如果他仍不能适应，你只好解雇他。

企业对察看处罚的做法各有不同，工会的合同、公司规章制度手册和一些不成文的习惯做法左右了这一行为的实施。通常察看处罚通知是书面形式的通知单，由企业领导签名并通知员工本人。通知单一式三份，员工持有一份，部门领导持有一份，人事部门也应保留一份存档。

察看处罚的时间可以短至10天，通常为30天，甚至更长。如果一位被处罚的员工取得了显著的进步，这时你可以解除对他的察看处罚。如果他在察看处罚被撤销之后，重犯以前的错误，你可以恢复对他的察看处罚，或者进行下一步的处罚。

（5）停职：第一步实质性处罚。

除了解雇，最常用的处罚员工的方法是不付工资的停职。尽管部门领导对停职时间的长短持有一定的自主权，但大多数企业依据员工违规的严重程度来确定停职时间的长短。

发布停职通知的机制与察看处罚类似，因为停职是很严重的处罚。企业应该制定停职的有关文件，文件应该说明停职的期限并由有关领导签名，还应通知受处罚的员工本人。

如果一名员工受到停职处罚后被恢复工作，而后又继续犯错误，你对他实施的下一步处罚可能是更长时间的停职，甚至解雇。

（6）解雇：最后一步处罚。

渐进式罚则的主要目的是给犯错误的员工改正错误的机会，它的步骤一步比一步严厉，就是要督促员工改善不良行为，提高业绩，以免被解雇。但是，如果员工始终不能达到企业的要求，那么只好解雇。

不论受到何种处罚，员工的思想难免会一时转不过弯儿来，这就需要企业领导者心慈一点，私下里提前与他谈一谈，交换一下意见。

所谓交换意见，并不是让你对受处罚的下属唠唠叨叨一大堆，一个劲儿地对他进行教育和说服，而是让对方参与到谈话之中去，进行相互交流。否则，你说了大半天，却没有说到点子上，起不到实际作用，当事人也会对你产生反感。

谈话中，企业领导要让下属逐渐步入正轨，认识到自己所受处罚的合理性，并非是你有意在为难他。如果下属确有委屈或难言之隐，你应该表示体谅,说一些劝慰的话。

要让员工明白,处罚决定的作出,绝不是专门对人的,而是对事而言的,请他不要过于激动,以免引起误会。许多员工会认为,他们受到了处罚,自己的人格同时也就受到了侮辱。这就需要领导通过交换思想让他明白,所有的处罚都是为了企业的利益和发展,而不是故意去伤害某人的感情。

在肯定被处罚对象的工作成绩时,你要坦诚善意地提出对方违反了什么纪律,这会给部门工作造成什么样的不良影响,做到循循善诱,务必防止简单粗暴。通过和风细雨的一次谈话,有劝说、有疏导、有安慰,才能让下属心服口服,才能让他的脑筋彻底转过弯儿来。

宽容对待出错的下属

1. 批评也要有分寸

古人云:"人非圣贤,孰能无过。"在企业里,员工的失败、错误固然是不可避免的,但企业领导也不能"以成败论英雄",给员工下"他只会犯错误"或"他根本无法办好事情"的结论都是非常错误的。

一两次的失败并不能说明什么问题,当犯了错误的员工在为自己的行为懊恼之时,你对他的斥责只能使他的信心再次遭受打击,甚至有了"破罐子破摔"的想法。也许他本来是个很有才华的人,却被你无意中的评价给伤害而无所作为了。

作为管理者,对员工的批评一定要注意"分寸"。这里要注意以下两个问题:

(1) 批评应该是私下进行,要给下属留"情面"。

人人都有自尊心,下属虽然犯了错误,领导一样要尊重他,应该尽量避免公开批评下属。工作之余找来下属促膝谈心,语重心长地指出问题,要比开会宣布的方式有效得多。当然，一些严重的问题就要另当别论了。

（2）批评要尽量做到"对事不对人"。

批评时要多从事情上找原因，少从个人身上找原因。下属做错了事应该受到批评，关键是不要把下属的失误归结为个人的原因。

很多时候，下属工作的失误并不完全是本人的因素所造成的。如果一味地把"矛头"指向个人，势必会让下属产生委屈感和不满情绪，批评的目的也就无从谈起了。

管理者在批评下属时，必须注意以下问题和技巧：

（1）批评前弄清事实。

弄清事实是正确批评的基础。有些企业领导一时激动，就不分青红皂白对下属进行批评，而忽略了对客观事件本身进行全方位的调查。

（2）采用妥当的批评方式。

批评的方式有很多种，这就需要领导根据具体的当事人和事件进行选择。比如，性格内向的人对别人的评价非常敏感，可以采用以鼓励为主、委婉的批评方式；对于生性固执或自我感觉良好的员工，可以直白地告诉他犯了什么错误，以期对他有所警醒。另外，对于严重的错误，要采取正式的、公开的批评方式；对于轻微的错误，则可以私下里点到为止。

（3）问清下属犯错原因。

虽然领导可能自认为已经清楚地了解了事件的客观真相，但在批评时还是要认真地倾听下属对事件的解释。这样做有助于领导了解下属是否已经清楚了自己的错误，也有利于领导作进一步的批评。有意思的是，下属往往会告诉领导一些领导可能并不清楚的真相。如果领导没有办法证实这些问题，则应立即结束批评，再做进一步的调查了解。

（4）不要大发脾气。

下属所犯的错误有可能令领导非常生气，但领导千万不要在批评时大发脾气。这样做的后果是领导会在下属面前失去自己的威信，并且给下属造成对他有成见的感觉。

（5）不要威胁下属。

威胁下属容易让下属产生"仗势欺人"的感觉，同时难免会造成领导与下属的对立。这种对立会极大地损伤企业内部的团结和合作。如果下属感觉到自己的尊严和人格受到了侮辱，很难想象他能再全心全意地为企业工作。

（6）认错后切忌穷追猛打。

在下属认识到自己的错误后，领导应该尽快结束批评。过多的批评会让下属感到厌烦。

中国企业的有些领导具有"痛打落水狗"的精神，员工越是认错，他咆哮得越厉害。他心里是这样想的："我说的话，你不放在心上，出了事你倒来认错，不行，我不能放过你。"或者"我说你不对，你还不认错，现在认错也晚了！"

这样的谈话进行到后来会是什么结果呢？一种可能，是被骂之人垂头丧气，假若是女性，还可能大哭而去；另一种可能，则是被骂之人忍无可忍，勃然大怒，重新"翻案"，大闹一场而去。

犯错误是第一阶段，认错是第二阶段，改错是第三阶段。不管是经过批评后认错，还是未经批评而主动认错，都说明他已到达第二阶段，当领导的应努力帮助他迈向第三阶段。

另外，企业领导不应该经常将下属的某个错误挂在嘴边，喋喋不休地反复唠叨。

如果在批评时，下属有抵触情绪，那么在批评后的几天之内，领导应该找下属再谈谈心，消除下属可能产生的误解。如果批评后，下属还没有改正错误，企业领导就要认真地分析他继续犯错的原因，而不应盲目地再次批评。

实际上，沟通是解决问题的最佳方法。大多数的错误不是由下属主观引起的，可能是多种因素的综合结果。领导在批评下属时，也要认真地反省自己应该承担的责任。一味地批评下属员工，而不反省自己的错误，也是许多中国企业领导的通病。

2. 积极应对员工的过失

员工的失礼、失信和失误，是每一个中国企业的领导都不希望遇到但又不能回避的问题。企业领导只有学会以积极的态度对待这些问题，才有可能使坏事变成好事。

（1）宽容对待员工的失礼。

这里所讲的失礼，通常指的是员工对企业领导不讲礼节、没有礼貌的种种表现。例如，有的员工在企业领导作报告时，一边听一边交头接耳，该鼓掌时不鼓掌，不该鼓掌时乱鼓掌。有些员工在公开场合故意与领导"顶牛""较劲"，你指东，他偏向西。有些员工喜欢在背后给领导编造和传播一些小道消息，甚至搞点恶作剧。

面对员工的失礼，作为企业领导，首先要有"宰相肚里能撑船，将军额头能跑马"的气量，不能因员工对自己不尊重就耿耿于怀，更不能寻机报复、给员工"小鞋"穿。

其次应该认真分析员工对自己失礼的原因，看是员工对自己抱有个人成见，还是员工个性怪癖所致；是员工恃才傲物、心智不成熟，还是自己在工作中没有坚持原则或领导无方造成的。

如果是因为员工无理取闹导致的失礼，应尽可能给员工以宽容，淡然处之；如果是因为自己方面的原因而使员工失礼，就应主动向员工赔礼道歉，说明情况，并加以改正，重新赢得员工的好感与尊重。

（2）谨慎对待员工的失信。

这里所说的失信，指的是员工在工作上不守诺言、言而无信的种种表现。例如，有些员工对当着领导或大家表了态的事情，过后不承认；有些员工对领导交代要按时办好的事，到时却忘得一干二净。

面对员工的失信，作为企业领导，既不能采用强硬的态度批评指责一通，也不能采取迁就的方式不了了之。

首先，应该仔细分析一下员工失信的原因所在，是员工言行不一的工作习惯使然，还是因为自己对员工的要求太高，员工能力达不到所造成的。

其次，如果是因为员工的原因而导致失信，最好采取单独或私下交谈的方式，对员工进行批评教育，引导员工明晓事理，懂得若经常失信于大家尤其是领导，就会成为不被别人信任的人。在此基础上，要求该员工在今后的工作中，一定要做到言必信，行必果。这样做既保住了员工的面子，避免他的不良情绪上升，又能使员工感觉到失信的严重性和解决这一问题的必要性。

如果是企业领导对员工的工作要求太高而使员工失信，领导应当众向员工和大家做好解释工作，不要让员工背负"失信"的坏名声。

（3）正确对待员工的失误。

这里所谈的失误，指的是员工在工作中出现的各种差错。例如，有些员工因不熟悉业务、能力不强或习惯于丢三落四，以致工作上错误不断；有些员工不履行工作职责或乱履行工作职责，致使自己完不成工作任务或造成经济损失；有些员工为了捞取个人利益，百般刁难，甚至行贿受贿，出现经济犯罪。

面对员工的失误，中国式领导首先要冷静对待，既不要大惊小怪，也不要视而不见，更不能曲意包庇，而要尽快采取有效措施进行补救，使损失降到最低限度。

其次要认真分析造成员工失误的原因。有些是因为员工的经验不足，工作方法简单，能力欠缺，或是员工的疏忽大意、思想认识有问题等主观因素造成的；有些是因环境条件的限制，企业领导不支持、乱决策或无法预测的天灾人祸等客观因素造成的；有些则是主客观因素兼而有之。领导者一定要分清原因，不可轻易对员工的工作全盘否定。

再次要区别对待，分别处置。对出现失误的员工，一方面要讲原因，另一方面又要讲感情，要针对他们造成失误的原因，认真对他们进行批评教育，对造成重大损失的，要严肃查处直至绳之以法，使其他员工能以此为鉴。

3. 用好犯过错误的员工

人们常说，一个失败者的出路有两条，一是成为更辉煌的成功者，二是成为出色的批评家。不可否认，失败是教训的拥有者，你若能给他们一个成功的机会，他们就会将这些教训转化为成功的财富。

中国企业的领导一定要消除心中的成见，别对下属的几次失败耿耿于怀，要再给他们一次机会。坐下来，与他们恳谈，帮助他们分析犯错误的原因，找到症结，恢复他们的自信心，在你的言谈举止中充分表现出对他们的信赖。只要他们走出消极的误区，一样能为企业创造佳绩。

在企业管理实践中，中国企业的一些领导在员工出现了过失以后，常常会产生一些不良心理，譬如说不信任、失望，甚至导致与对方的距离感。这些心理的产生虽然有其客观原因，但作为领导者却不应放任其存在，以致影响正常评价犯有过错的员工曾作出的贡献。

那么，管理者应该怎样正确对待犯了错误的员工呢？

（1）敢于起用犯过错误的员工。

任何一个领导者都应当给予员工犯错误的权力，对于犯错误的员工要会用、敢用。提拔人才应当不拘一格，不能因为一个人有这样或那样的缺点就将其忽略，打入冷宫。是金子就该让它发光，是人才就该才尽其用，这是一条最起码的用人原则。

对于那些犯过错误的员工，提拔他们会产生很大的积极影响。首先，这样做给了他们信任，使他们更加热心工作。他们会认识到，自己的领导者不是一个心存偏见、喜欢公报私仇的人。其次，这样做给他们提供了唯才是举的竞争环境。这两个方面是做好管理工作的基础。

虽然被提拔的人才一时还不能做得令大家满意,但不必过于着急,是金子终归有一天会发光,这只是迟早的事情。

(2)尊敬和信任犯过错误的员工。

一般而言,员工的错误行为都不是故意造成的。在这种情况下,他们会有一种不安,特别是那些平常兢兢业业工作的人,在无意中犯了错误,其本身甚至可能会产生一种自卑感和犯罪感。如果再因此而失去领导者及周围人的尊重和信任,自尊心就会受到伤害并产生孤独感和冷落感,进而造成工作没干劲,生活无热情,甚至本能地产生离心力和强烈的情绪冲动,朝着错误的道路越走越远。

在这种情况下,企业领导者要特别注意尊重和信任员工,为他创造一个温暖的环境,要比平时更主动、更热情地接近他、关心他,使他坚定改正错误的决心和信心。同时,还要做好他周围员工的工作,让大家主动接近他,对他加以安慰、勉励。领导这样做,员工就会努力改正错误,继续创造优秀的业绩。

(3)对犯错误的员工的价值给予肯定。

一个人会有过错,但同样也有其价值。也就是说,这个人有缺点,但同时也会有优点,尤其是具备与众不同的长处的人。如果领导者能把他一时的过错与对他本人的全面评价严格区分开来,并对其优点给予充分肯定,就会促使其冷静地反省自己的缺点或过错,并以积极的态度改正。相反,如果因员工的某种缺点或过错而全盘否定他本身的价值,则会使其在感情方面难以接受,甚至会引起他强烈的不满和反抗。

(4)护短也是可采用的方法。

员工虽有缺点,但确实已尽了自己的能力,对于这种员工,企业领导要尽量保护他,使他感受到你的支持。

当员工偶犯过失、懊悔莫及,已经悄悄采取了补救措施时,只要这种过失尚未造成重大后果,性质也不甚严重,领导者就应该佯作"不知",

不予过问，以避免损伤其自尊心。

在即将交给员工一件事关全局的重要任务之前，为了让员工放下包袱、轻装上阵，领导者不要急于"结算"他过去的过失，可以采取暂不追究的方式，再给他一次将功补过的机会，甚至视具体情节的轻重，干脆宣布"减""免"他的处分。

护短之前，不必大肆声张；护短之后，也无须用语言来点破；更不要主动找员工谈话，让员工感激自己……唯有一切照旧，若无其事，方能收到最佳效果。

当员工在工作中犯了"合理错误"，受到大家的责难，处于十分难堪的境地时，作为领导者，你不应落井下石，更不要抓替罪羊，而应勇敢地站出来，实事求是地为员工辩护，主动分担责任。这样做，不仅拯救了一个员工，而且将赢得更多员工的心。

关键时刻护短一次，胜过平时护短百次。当员工处于即将提拔、晋级的前夕，往往会招致众多的挑剔、苛求和非议。这时候，作为一个真正的领导者，就应该站在公正的立场上，奋力挫败嫉贤妒能、压制冒尖的歪风邪气，勇敢保护那些稍有瑕疵的优秀人才。

（5）严肃与宽容并举。

人是不可能不犯错误的。领导者要在体察犯错误之人的所作所为的基础上，做到大事清楚、小事糊涂；既要严肃，又要宽容。要按照允许犯错误、更允许改正错误的原则办事，在不违背原则的前提下对犯错误的人采取宽容的态度，多记善事，不念旧恶，把大多数人团结起来一道工作。

如果偶有失误就受到领导的严厉斥责，或者降职开除，员工就会失去锐气，不敢再露头角，变成谨小慎微、不求有功但求无过的人。宽容是帮助的前提，不懂得宽容就谈不到如何帮助。但是，宽容也不是无原则的迁就，而是在企业制度规定允许的范围内，尽量做到宽大为怀。

（6）合理使用犯错误的员工。

一般来讲，要区分两种员工，然后予以合理的使用：一种是有缺点而又顽固不化的员工，使用这样的员工应谨慎；另一种是知错能改的员工，这种人应当放手使用。事实上，放手使用痛改前非的员工不仅仅是为你增加了一份力量，且会收到一石三鸟的功效：一能使其感受到领导的爱护和信任；二能促使其痛改前非；三能激励其将功补过，积极工作。

实践证明，有过错的人往往比有功劳的人更容易接受艰巨的任务。对有过错的人来说，使用本身就是一种强大的激励力量，足以使其一跃而起，创造出令人刮目相看的成绩。特别是当他们犯了错误而受到别人的歧视和冷落之后，其最大愿望往往就是恢复自己的价值和尊严。领导者一旦为其提供了这种机会，他们便会迸发出超乎常人的热情和干劲，完成常人难以完成的任务。

及时化解员工的抱怨

1. 不可忽视员工的抱怨

中国式领导应当充分重视员工对企业的抱怨与不满，绝对不可对员工的不满和抱怨掉以轻心，漠然视之。员工虽然不会因为心存抱怨而愤然辞职，但是他们会在抱怨无人听取又没人考虑的情况下辞职。因为他们感到自己的人格受到了侮辱，感到无法接受。如果你希望员工愉快、满怀热情地工作，你就应当花点时间倾听他们的诉说。多花点时间听听员工的心声，对你是有益无害的。

如果领导认为某人对某一事情表示不满，就表明此人对企业或所在部门甚至对领导个人极为怨恨，那就大错特错了。抱怨是在领导对待员工的方式不当时发出的怨言。实际上，正是抱怨和不满，才使你意识到企业里可能还有其他人在默默忍受着、抱怨着同样的问题。

你的员工常会对工资、工作条件、同事关系以及同其他部门的关系发出怨言。而对员工抱怨，你必须谨慎地处理，不可置之不理，轻率应付。你要设身处地、变换角色地想想事情为什么会发生，尽量考虑问题发生的原因，避免因操之过急而引起矛盾激化。

在解决员工所抱怨的问题时，企业领导应当作出一种姿态：向员工的抱怨敞开大门，欢迎有抱怨的员工直接向你投诉，并承诺你将全力解决。这种方式可以使员工随时随地意识到自己利益不受侵犯，能使员工全身心地投入到工作中去。

要真正找到员工抱怨的原因，最好听一听他的意见。即使你一时没空，也要约定一个时间让他来说。不要当即反驳下属的怨言，让他们先诉为快。如果抱怨的对象中有其他的员工，你必须同时听取另一方的意见，以便公正地解决问题。

如果打算解决问题，请立即采取行动，不要拖延，不要让员工的抱怨越积越深。如果你不准备采取什么行动，也应告诉抱怨者其中的原因。

在面对员工的抱怨时，你需要有耐心和自我控制力。尤其是员工的抱怨牵涉你，使你感到很尴尬时，更需要极大的耐心和自我控制能力。并非员工的所有抱怨都能得到圆满的解决，因为有些可能违背了企业的政策，甚至是一些错误的、不合情理的抱怨。但是，对于这些抱怨，你也不能漠然视之。

你要认真地倾听他们的抱怨，然后再作表示。发泄怨言似乎是希望你采取什么行动，而实际上只要你给他们一双理解的耳朵，他们就会感到心满意足。而且，你也应当解释清楚为什么那个抱怨不能被彻底解决。

在处理员工的抱怨时，应当形成一个正式的决议向员工公布。在公布时要注意认真详细、合情合理地解释这样做的理由，而且应当有安抚员工的相应措施，作出改善。

有些抱怨可能涉及更高的管理部门，你应允许下属越级向更高领导层诉说。当然，你也可以向上级汇报，由你做下属向上司提出抱怨的桥梁。在你的下属向更高领导层诉说前，你也应向上司简明扼要地说明情况，然后由上司去处理，不必再插手。

在处理员工的抱怨时，要具体情况具体分析对待，而且你还要相信员工的忠心。

2. 探究抱怨产生的根源

中国式领导在处理抱怨时，要特别注意一点，就是处理时要从源头着手，这样才能保证处理的有效性，不至于使抱怨激化，演变成冲突。

通常，抱怨是一系列是非爱憎的综合体，由抱怨所衍生的各种矛盾也往往十分复杂，不容易使人轻易地察觉到其实质性问题，这就为领导的管理工作增添了障碍。破除这层障碍，把抱怨的实质性内容或问题清晰化，找出其根源或症结所在，从而有针对性地处理各种抱怨就成为中国式领导的一道艰巨的任务。

对于抱怨产生的根源，企业领导可以从以下几个方面寻找：

（1）产生抱怨的客观原因。

产生抱怨的客观原因即外在原因，它包括自然因素和社会因素两部分，其中社会因素占据主导地位。也就是说，产生抱怨的客观原因，通常都会在社会因素方面得到具体表现。

个人在社会生活实践中，如果遭受政治、经济、法律、道德、风俗习惯、人际关系方面的限制就可能会引起挫折。例如，工作不称心；职务、级别得不到晋升；受他人诬陷、排挤；得不到领导的理解、信任；爱情婚姻失意，等等。

社会因素对个人行为产生的阻碍，有时比自然环境更多，影响更大。战胜这方面的挫折，不但需要个人主观努力，而且更有赖于提高组织和整个社会的文明程度。

（2）产生抱怨的主观原因。

这是基于抱怨者自身的生理和心理方面的要求得不到满足而衍生的抱怨。

1）生理方面的原因。这个方面的原因主要是指个体本身因生理素质、体力、外貌及某些生理上的缺陷所带来的限制，导致个体活动失败。由生理原因造成的挫折容易使人产生自卑感，自尊心容易受到损害，甚至使人自轻、自贱。

对因生理原因遭受挫折从而产生抱怨的人来说，更经不起外界的讥讽、嘲笑和冷遇。作为企业领导，对这些人更要做耐心的开导工作，鼓励他们从其他方面努力，发挥其他方面的长处。

2）心理方面的原因。心理原因相对于生理原因而言就更加复杂，因为人的心理往往是捉摸不定的，并且因人而异表现出各自不同的特点来。但就导致抱怨这一结果而言，它通常有以下三个方面的因素：

①自我估计过高。如果一个人自我估计和评价远远超过其实际能力，目空一切、眼高手低地去追求一些根本无法实现的目标，必然会造成挫折。当然，如果一个人自我估计过低，自卑、畏缩不前，也会错过机会，产生挫折。这些挫折当然会自然地演变成抱怨。

②目标过高。抱负水平是指个人对自己所要达到的目标规定的标准。规定的标准越高，其抱负水平越高，反之亦然。如果规定的标准过高，抱负水平过高，远远超出自己的实际能力，当然实现抱负的可能就很小，产生挫折感进而心生抱怨也就难免了。

③不合理的要求得不到满足。个体的一些不合理的、不切实际的需要得不到满足，也会使其产生抱怨。如享乐主义、绝对自由、绝对公平得不到满足就抱怨社会、组织和他人。这种现象在生活中虽然很少见，但也是一部分人产生挫折感的重要原因。这就要求企业领导有针对性地做好思想教育工作，使有这些错误思想和需要的人放弃不合理的想法，从而恢复其心理平衡。

（3）引发抱怨的具体问题。

当你察觉到某个员工原本非常敬业，最近却像是在梦游般地频繁出差错；或是某个人缘极佳的同事，连续几天都莫名其妙地把自己"关禁闭"，不屑跟别人聊上一句，那你得当心了，因为他们已经向你亮起了红灯，发出了一道警讯。

倘若你未能防微杜渐，及时予以开导，他们的情绪便会越来越低迷，所传递的警讯也会越来越强烈。比如，在部门内制造恶毒谣言来弄得人心惶惶，或是在业务上故意捅个大娄子让你头痛一番。

别忘了你是他们的领导，要是依旧坐视不理，让雪球越滚越大，那最后这个烫手山芋必然还是要留给你自己。而如果你遇到这些"不满"的表现，首先要做的是了解员工的不满究竟是因为什么问题引起的。下列是一些常见的问题，仅供参考：

1）薪酬与付出不符。有付出就应当有所回报，这是每一个领导对待员工的酬劳问题时应当遵循的准则。况且大部分人都是为了生计才工作，这是最实际的问题。倘若所付出的劳动，未能维持起码的生活水平，难免令人泄气。有些员工不得不做兼职，赚取外快，这样在工作时难免会精力不足，以致有所错漏，时间一长自然会造成同事投诉、领导不满的恶性循环。

2）领导的态度不当。每一个下属都是有自尊的。如果你的态度嚣张，比如他们称呼你时你却只用鼻子哼一声，肯定会招来员工的不满或批评。

3）没有"工休"时间。这里的工休时间不是指法律明文规定的休息时间，它往往表现在一些更为微小的工作间歇中。如员工在工作期间稍事休息，活动活动，聊聊天，借此松弛一下紧张的神经和肌肉。如果公司要求员工不停地工作，连午餐、上厕所的时间都严格控制，似乎不近人情，员工疲乏之余便会埋怨顿生。

4）加大工作量。有时候因领导的失策或疏忽，令本来已忙碌的员工更感吃力。譬如人员流失，一时未能雇人将空缺填补上，从而造成其他员工在正常的工作时间里分担了额外的工作。

5）没有公平对待员工。特别优待表现卓越的员工，是无可厚非的事情，但完全不理会其他员工，甚至将他们一贯的努力抹杀，也是不公平的行为。这种做法往往会使员工的不满和抱怨直接针对领导本人，令领导工作更加困难。

6）未获重视。譬如，所有的决策过程都没有员工参与的分；员工所提出的建议或点子，领导都当耳边风，根本没有被采纳的机会等。这些行为都会使员工感到不受重视，令他们在一定程度上感到被轻视，甚至不安，从而导致不满或抱怨。

7）拖欠工资。这里有两个方面：一是拖，二是欠。对于辛勤工作的员工来说，领取工资是理所当然的，并且"月薪日"就是他们一个月的指望。在银行排了半天队，才知道公司未发薪金，那种愤怒是可想而知的。至于欠工资就更不消说了。

8）同事不合作。不是每个员工都具有互助精神，有些人专门喜欢将别人踩在脚下往高处爬。如果这时领导不够精明，未能分辨是非善恶，又未加以引导，吃亏的人一定会滋生出对领导的怨气。

9）加班没有额外补偿。很多公司只派工作给员工，要求他们在指定时间内完成，至于是否需要超时工作，公司一概不予理会。遇有员工投诉工作太多，必须抽出私人时间完成，领导反而批评他无能。这种管理方法理所当然地会使员工产生抱怨，并且经由这种原因引起的抱怨很难得到平息。

10）职业倦怠。员工在企业待了很长一段时间后，企业领导如果不加以激励，员工便会产生职业倦怠并对目前的工作提不起兴趣。由这种原因引发的不满及抱怨情绪虽然表现得毫无理智，但确实也是一个重要方面。

11）前途无望。每一个积极向上的员工都希望自己在企业有所发展，但如果碰到的领导吝于授权，也不提供任何的职业培训，其结果是使员工生出前途无望之感慨。当他面临这个问题时，他所采取的措施只有两种可能：要么仅仅是发出不满的抱怨，要么干脆离职。

12）临时取消休假。许多领导要求员工随传随到，不管员工是否在休假中。只要有事，就要急电其回公司上班。这种行为让员工非常反感，因为他们会有一种卖身的感觉。

一手胡萝卜，一手挥大棒

管理学领域中流行这样一句话："一手胡萝卜，一手挥大棒。"意思是对部下施威、批评或者责罚，使他惊醒于自己的错误，待他的愧疚心平息下来，又要恰当地给他一点甜头，引导他朝正确的方向走。

如果我们把领导的发威比喻为"火攻"，就可以把领导的施恩视为"水疗"，但是管理员工的过程中，一味地"火攻"和"水疗"都不能达到理想的效果。唯有水火并进，双管齐下，才是最好的方法。

三洋机电公司前副董事长后藤清一先生年轻的时候，曾在松下公司任职。某一次，因为一个小的错误，他惹恼了松下。当他进入松下的办公室时，松下气急败坏地拿起一只火钳死命往桌子上拍击，然后对后藤大发雷霆。后藤被骂得狗血淋头，正欲悻悻离去，忽然听见松下说道：

"等等，刚才因为我太生气了，不小心将这火钳弄弯了，所以麻烦你费点力，帮我弄直好吗？"

后藤很无奈，只好拿起火钳拼命敲打，而他的心情也随着这敲打声逐渐归于平静。当他把敲直的火钳交给松下时，松下看了看说道："嗯，比原来的还好，你真不错！"然后高兴地笑了。

批评之后，反以题外话来称赞对方，这是松下的高明之处。后藤走后，松下悄悄地给后藤的妻子拨通了电话，对她说：

"今天你先生回家，脸色一定很难看，请你好好照顾他！"

本来，后藤在挨了松下的一顿臭骂之后，决定辞职不干，但松下的做法，反使后藤佩服得五体投地，决心继续效忠于他，而且要干得更好。

无论是哪一家公司，当员工犯下不可原谅的错误时，管理者必然要对其加以斥责。然而，聪明的管理者，在痛斥部属之后，务必不忘立即补上一句安慰或鼓励的话语。也就是说，管理者首先用"火攻"来镇住局面，但是并没有就此结束，而是接着通过"水疗"把恩泽缓缓地传递下去，以浸润到各个员工的心中。如此，恩威并举，令员工不得不对你心服口服。

因为任何人在遭受管理者的斥责之后，必然垂头丧气，对自己的信心丧失殆尽。心中难免会想：我在这家公司别想再往上爬了！如此所造成的结果必然使他更加自暴自弃，甚至会产生挂冠而去的念头。

然而，此时管理者若能适时地利用一两句温馨的话语来鼓励他，或在事后私下对其他部属表示："我是看他有前途，所以才舍得骂他。"当员工听到这样的话后，更容易认为："原来上司也不是冷酷无情呀。"他们也许会想："好好干仍有升职加薪的机会，努力吧，领导也许会因为我的出色表现对我另眼相看。"

美国著名企业家玛丽·凯在《用人之道》一书中这样说道："决不可只批评不表扬，这是我严格遵循的一条原则。你无论批评什么或者批评哪个人，也得找点值得表扬的事情留在批评后。这叫做'先批评，再表扬。'"当然，这种方式并不是绝对的，表扬、批评的方式和尺度可以灵活掌握。

总之，有批评也要有表扬，这样才能缓和气氛，保证员工的积极情绪，而且员工对管理者的批评也更容易接受。更重要的是批评后要给员工改过的机会。

张欣大学毕业后，进入一家公司不到半年。有一天，管理者将某会议所应准备的资料交给他去处理，但他忘了核对资料中的数字。当管理者带着这份资料走入会议室之后，他才想起来，并将拷贝的资料重新看了一遍，结果发现数字果然有着极大的错误。

他急忙打电话到会议室中，管理者接到电话，大发雷霆，把张欣狠狠地批评了一顿。张欣心想这下可完了，自己估计要被辞退了。他忐忑不安地等到会议结束，准备接受管理者辞退自己。然而，管理者竟出乎意料地说："谢谢你提醒我，刚才总算适时帮了我一个大忙。请你以后工作务必谨慎些。"

从此以后，张欣对这位管理者愈加忠心耿耿，对工作更加认真仔细，再没有犯过类似的错误。

实践证明，刚柔相济远胜过刚柔相偏废，这就如同人的身体构造，有坚硬的部分——手、脚、骨骼等，也有柔软的部分——肌肉、软组织等，二者有机结合，人才能灵活自如地从事各种活动。

没有规矩，难以成方圆

1. 让制度去说话

企业制度是什么？一般来说，就是企业制定的一系列成文或不成文的规则，或者说它是企业贴上个性标签的关于经营管理的不同"打法"。通俗地说，制度是一种标签或符号，它将企业中人的行为区分为"合乎企业利益的行为"和"不合乎企业利益的行为"。

企业领导可以据此采取奖勤罚懒的措施，褒奖"合乎企业利益的行为"，惩罚"不合乎企业利益的行为"，从而有效地刺激企业中的员工约束自己，提高领导管理的效率。而在这样的奖罚中，企业的各项规章制度也得以推行和巩固。

然而，在今天的中国企业界，尚存有一些不合理的规定。这些规定若不加以改革和废止，很难让员工遵守并加以实行。

例如，某家大电器制造厂有一个规定："员工如果延迟交货，一律征收违约金。"然而延迟交货，多半事出有因，比如，生产过程中遭遇不可抗拒的天灾人祸，或厂方本身的耽误等。因此，这项规定有名无实，应马上改正。如果有碍于面子，企业领导觉得刚制定的规则，马上又要推翻，会被员工笑话，那么将来吃亏的还是自己。

在修订此项规则之前，一是要首先考虑到交货日期的决定是否过于草率，是否经过周密的思考，各部门联络工作是否及时、准确等实际情况。待一切皆臻完备，才能对员工提出如此的要求。否则，难免落得"不近情理"的埋怨，更收不到具体的效果。

无论制定什么样的规章制度，企业领导事前都要详细了解实际情况，整理分析各类问题，然后制定规则，这样才有意义。否则，徒具冠冕堂皇的条文，而与现实情形背道而驰，则无异于一纸空文。

只重理论的理想派领导者，无论在什么样的场合，什么背景下，总是一味强调"勿××"的单方面的主张。比如，"凡公司员工一律阅读公报，不遵守者须接受处罚。"假若公报缺乏内容、空洞无物、词不达意，又有谁会愿意去看它呢？就算是如此强迫执行，也收不到很好的效果。

总而言之，规章制度的建立是随着生产的发展，企业的进步而不断改变的，而不应该是一成不变的。在过去的生产规模、生产条件下，某项规章制度可能是很完善的。但是，在新的形势及新的生产经营方式下，许多旧的规则可能会出现各种各样的漏洞，变得不合时宜。

这时就要求中国式领导及早废止，加以合理性的补充，或是建立新的符合时宜的规章制度。企业领导千万不要故步自封，否则此项规章将会随着时日的变迁而脱离现实，最终影响一个企业的发展。

2. 规章制度不能少

作为一个企业的领导，如果你没有制定出一套规章制度，那么不久你就会发现自己处于这样的境地——令行不止。在这样的境地下，你才知道规章制度对企业和领导者的重要性。规章制度能使企业的员工知道哪些事是可以做的，哪些是不可以做的。

下面是一些企业的制度规定，当中国式领导在制定或解释企业的规章制度时，可以把它作为参考或借鉴。

（1）衣着打扮不能太随便。

如今，工作时的着装正变得越来越随便，许多企业甚至把一年或某个季节的某一天定为随意着装日。而有些企业却浪费了大量的时间，去规定员工在随意着装日里，哪些服装是可以穿的，哪些服装是不可以穿的。

如果你在公司里并不需要接待顾客或客户，你也许可以穿得随便些，但你的着装不能随便到让人看起来不舒服的程度——太窄太小的服装或T恤衫。当然，这种开明的政策也有可能导致部分员工的着装打扮达到随心所欲的地步，但一想到你尊重员工的态度给你带来的好处，这种做法还是值得的。

如果经常有顾客或客户到你的公司来，就要对那些经常与顾客或客户打交道的员工的着装定几条标准——要穿衬衣而不能穿T恤衫；穿宽松的裤子而不能穿牛仔裤；穿皮鞋而不能穿胶底帆布鞋；可以穿裙子但不能穿超短裙，等等。

（2）遵守上班时间。

制定固定的上班或换班时间表。为了满足某些员工的特殊需要，你可能想给他们工作时间安排得灵活一些。

例如，某位职员为了安顿孩子需要上下班的时间都要晚一点，你可以让她的工作时间安排与别人有所不同。但这只是一个例外，你还得坚持让所有的员工遵守统一的时间表。即使某位员工加班，你也应要求他每天准时上班。除非情况非常特殊，否则就必须按所制定的工作时间表严格执行。

（3）不许乱打私人电话。

企业没有必要制定有关私人使用电话的规定。没有规定的后果，会在企业的电话费里反映出来，而有专门规定的后果却从员工的态度里反映出来。大家会觉得领导心胸狭窄，没有度量，并对你产生不满。

当然，如果哪位员工因此而滥打电话，在电话里只是闲聊，那你也可以对他采取一些行动，可以让他以后很难再接近电话。当然，如果他在其他方面的表现还不错的话，那么解雇此人不是你的最佳选择。

（4）吸烟的到一边去。

你要把你对吸烟的规定告知新聘的职员。如果新来的是个烟民，他将会惊奇地发现他不能在办公桌前自由地吞云吐雾了。而不吸烟的人，在发现他们的同事可以随意地在办公室里抽烟时，也会觉得心烦意乱的。

如果某员工是个烟民，而你又宣布了办公室是无烟区，那么这个烟民会怎么做，出去？当然，这是个办法。但是在寒冷的冬天，在人行道里吸烟那是难得一见的事。在办公室里，把他们集中在屋子外面去吸是缺乏吸引力的。那就给他们找个偏僻的角落。

无论如何，你都不容易做到让吸烟者和非吸烟者都皆大欢喜，但是，如同大多数企业一样，你应该有更多的员工是不吸烟的。

3. 制度留有余地，才能解决问题

很多企业经过辉煌的创业期进入稳定的发展期，然而企业领导也发现一个问题：刚创业时大家工作热情非常高，经常自愿地加班加点，甚至由于放心不下刚刚上马的项目，几天几夜不回家；现在企业大了，员工多了，制度也完善了，可原来的那种奋斗热情和奉献精神却不见了。不但新来的员工对工资斤斤计较，连最早一起创业的老员工也对公司吹毛求疵。

为什么会这样呢？是有些企业管理者所怀疑的"制度越多，员工越自私"吗？

第04章
制度原则：坚持"情、理、法"并重

从企业管理者的角度来讲，完善的奖励和惩罚制度是有利于调动员工的工作热情和积极性的。企业根据奖惩制度对好的奖，对坏的罚，这是十分公平的。从表面上看，完善的奖惩制度的确是公平合理的。但从人性的角度进一步剖析，我们就会发现冷冰冰的制度其实是对人性的背叛，过于严格、精细的制度会极大地损害员工的灵活性。

（1）制度越来越完备，员工的活动空间就越来越小了。

在创业时期，企业领导的办公室的门是敞开的，甚至没有办公室，员工有什么问题可以随时向领导汇报，并与之协商解决。而现在，领导是高高在上的，员工要想走进领导的办公室必须经过秘书、助理的层层"关口"。当然，这还得是有资格进企业领导办公室的员工。相当多的员工是没有资格直接向领导汇报情况或反映问题的，因为大部分公司有明确的汇报制度，越级汇报是不允许的。

除了不能与领导近距离接触以外，员工的活动空间被限制在一个很小的范围内，甚至只在自己的工作区里。员工在上班时间不能无故离开自己的工作区，不能再像创业时那样到自己感兴趣的部门去看看，并问问是否可以为其提供帮助。现在即使员工真的没事可做也不能"闲逛"，因为有制度规定不能随便"乱窜"。

在创业时，员工人数少，每个员工要负责很多工作，这样虽累点忙点，但很充实。而现在完善的制度把员工的工作分成了很细小的点，这使得员工不得不每天面对单调的工作，大脑的"活动空间"也越来越小了。

（2）制度管理的本质是用一系列的制度控制员工的行为，弱化企业领导的作用。

这固然有利于避免对领导的个人崇拜，但这同时又出现了一个问题：制度的奖励和惩罚是一视同仁的，这就使得员工个体之间的差异性被抹杀了。

制度是不能辨别个体之间的差异性的,只有人才能办到。而制度弱化了领导者的作用,这就使员工感到不受重视,得不到关注,进而变得消极和懒惰。

(3)制度越多,员工从企业领导那里得到的关心就越少,这是员工变得"自私"的最为根本的原因。

制度只能给予员工金钱,但不能给予员工关心、爱护、赞美等情感,而这些情感对于员工来说更具有吸引力。

员工不是"经济动物",单靠奖金的激励和解雇的威胁,并不能激发他们去无私奉献。在整个企业环境变得僵化和冷酷时,员工只得"以牙还牙,以眼还眼"——既然公司跟我们讲制度,那么我们凭什么还和公司讲感情呢?于是员工开始斤斤计较自己的得失,企业不付出更多的物质回报,就休想从员工那里得到更多的工作热情。

既然制度存在这样或那样的问题,那么企业领导如何来解决呢?最有效的办法其实很简单,那就是在制定标准时要留有余地。

大多数人都不喜欢被控制。他们不喜欢别人告诉他们该如何做,当面临强制的要求时他们会感到很难受。很少有员工喜欢受批评或被纠正,然而批评或纠正都是企业控制中常发生的事情。当纠正意味着惩罚或解雇时,控制措施就显得非常苛刻。因此,中国企业的领导们对控制的看法应该现实一些,有些控制措施会对员工产生消极的影响。

(1)强调对员工实施控制的价值。

留有余地的标准能够告知员工,他们的工作做得好还是不好。标准可把领导的干涉降到最低程度,只要符合标准,允许员工对工作方法进行选择。

(2)避免武断的或惩罚性的标准。

员工们喜欢那些根据以往的记录确定的标准,比如"我们的记录显示一天完成150个是多数人都能实现的标准。"

（3）建立在分析尤其是时间研究基础上的标准更受欢迎。

比如，"让我们把这项工作定为一小时或两小时，以确保标准的合情合理"，就比"我们不得不把生产效率定在一天175个标准上"更容易让员工接受。

（4）目标是改进而不是惩罚。

利用未达标准的事例来帮助员工搞清如何改进工作。"上个月你的产量又低于标准，我们应该从头开始寻找影响你达标的原因。也许是我没有把具体的操作方法向你讲清楚。"

（5）对不符合目标要求的要惩罚明确。

多数员工接受积极的鼓励，但也有不少员工并非如此。然而，所有的员工，不论是好的还是不好的，都想知道如果他们不按要求工作会怎样。原则是你要尽量减少惩罚，但必须让所有人都清楚，标准必须达到，事先把不达标准将要受到何种处罚讲清楚。

（6）在控制措施的运用中要坚持一致性。

如果已制定了适用于几个员工的工作标准，你就应严格按标准行事，而不能说你将使人人满意。如果觉得确有个别例外情况，那你一定要把例外情况解释清楚。对做同样工作的员工，标准也应该是一样的；同样，对达到或没有达到标准的员工，奖励或惩罚也应该一样。

恩威并施，把握分寸

1. 向员工施压的4项法则

一些自律能力较低的员工，企业领导如果没有给他们适度的压力，就会造成他们的怠惰和敷衍；遇到有责任感的员工，领导如果给他们适度压力，那么他们在完成工作时自然而然就会有一种满足感。

压力是否适度，是不容易衡量的。资历较浅的中国企业的领导，往往会出现施加过重的压力给员工的现象，因而适得其反。

如果压力过大，员工可能会产生如下的影响：

（1）精神出现透支，神情沮丧，工作不积极。

（2）健康出现问题，例如失眠、神经衰弱、胃痛及头痛等。

（3）对职位产生不安全的感觉而辞职。

以上3点，对中国企业的领导来说，是非常不利的。没有一个企业领导希望自己的员工苦着脸上班，或经常请病假，没有一个领导希望自己刚招来的员工没几天就辞职了。

因此，企业领导在向员工施加压力时，需要注意以下4个法则：

（1）适当加压，松紧适中。

如上面所说，压力过大或压力过小的管理对员工都不好，同时也会影响企业的效益。企业领导者应该时常关注员工的反应，了解员工的感受，多同员工沟通交流，得知他们对压力的感受。这样才有利于控制松紧程度，给员工一个适应期，让他们不断地完善自己。

领导在布置一项工作时，应该事先对工作完成的日期作出估计。虽然对这件事你仍会听取员工的意见，但是作为领导，你应该做到心里有数。许多员工会故意将完成日期说晚一些，以便减少因临时遇到变故而出现拖延的现象，领导可以参考员工的意见，但未必立刻作出否定。

事实上，工作的完成日期应该先由企业领导说出，员工如有意见，可立刻提出。遇到一些平日工作态度较不认真的员工，你的语调不妨加强一点。例如，"这项工作必须在星期日之前完成"，"无论怎么计算，这项工作总不会超过某月某日的。除非是人为因素，但是我知道你是不会让我失望的。"

中国企业的有些领导采取放宽的管理政策，把工作分派给员工以后，就完全放心地等待他们主动向自己汇报。可是令人失望的是，主动在最快时间完成工作的员工，实在是很少见的。

有些老员工在指导新人时，往往提醒他们要效率适中，别与时间竞赛，理由是"领导要是知道我们可以在短时间内完成工作，以后要求就会更高了，我们想偷懒一会儿都不行。另外也要让他以为这些工作较难做，需要很长时间。"

抱着这种态度的员工确实不少，企业领导者应该清楚。如果遇到诸多抗拒的员工以"你根本不明白我们的困难"来反驳你的催促，你无须动气，只要立刻加入工作行列，从旁观察，一切就会明白，这是必要时才使用的"下策"。一旦证实是员工有意编造事实时，双方的感情就到了已决裂的地步了。

但有一种情况，应该给予理解，那就是一些对工作有责任感的员工，也会故意将工作完成的日期说得稍长一些，但他们往往都在限期前把工作完成。员工故意说晚些的原因，主要是担心工作期间发生不可预知的阻滞，他们不想让领导失望。

因此，中国式领导要把握分寸，给员工留有余地，让他们自己认识到自己的不足，从而为自己加压，把工作做好。

（2）强调工作得失。

企业领导与员工研究一项工作时，其中一部分时间应该用在谈论得失上，此举也会给予员工一定程度的压力。例如，"如果这件事做好了，公司将有一笔很大的收入；如果失败的话，我们年底的奖金计划就会泡汤。"

以利益衡量得失，是一种颇有效的压力政策。强调得失，等于强调事情的重要性，能够参与的员工，也有被重视的感觉。除非万不得已，否则不要用调职或解雇作为失败的代价，这是一种极重的压力，它会使员工失去基本的安全感。他们会认为尽管这次侥幸地顺利完成工作，也未必能度过下一次的挑战。为了安全感，他们或许会作出另谋高就的选择。

中国式领导如果能够晓之以理，动之以情，表面上是为员工缓解压力，实则是为员工加压，那么有责任感的员工，不需要领导明白地指出来他怎样做，他们自己便会给自己施加压力，将事情做好。

如果得失强调得不到位，可能会引起员工的反感。他们会认为领导在虚张声势，他们一点压力也没有，工作起来一点儿都不积极。因此，你在分派工作任务时，要强调工作的利弊得失。

（3）不断给以鞭策。

很多员工都认为工作压力来自领导，他们以为自己取代了领导者的地位，就没有压力了，这是幼稚的想法，在一定程度上也证明了他们承受压力的程度仍然没有达到一个企业领导的要求。

事实上，领导本身所承担的压力绝不会比员工少。既然你要承受来自各方面的压力，就要作出有效的实际行动。做好事情等于为自己减轻了压力，对员工也是一种鞭策，因此也是领导的责任之一。

其实，多数员工都属于被动型，一切看领导的指令和态度行事。你若依赖他们自由发挥，不加督促，对企业、对领导本身和员工，均有害无益。

鞭策的方式包括口头上和行动上的配合。企业领导要时刻询问工作的细则，但不是工作进度，因为已托付给员工的工作，不能时刻直接询问员工工作的进度，否则会令员工有被监视的感觉。

时刻提醒员工计划新工作，要他们作出实质报告，是鞭策员工的两大步骤。最后，一经通过确认是可行的工作，就督促员工切实执行，这样便能提高工作效率。

对于一些自制性和自律性较差的员工，你必须不断地给他们安排新任务，引导他们订立新计划，执行领导的指示命令，在同事的帮助下，齐心努力把工作做好。

企业领导的责任便是针对不同的员工施以不同的鞭策手段，让每一个员工都在适度的压力下工作。

（4）强调加压的后果。

对于一些凡事喜欢拖延的员工，管理者应在工作之前，向他们强调拖延工作带来的不良后果。

某企业的一位生产经理，他认为最难应付的是一班生产部的组长。他们从来不把他颁布的限期指令当一回事，往往要延误一星期左右，才能完成指定的产量。

作为生产经理的他很难向客户解释，总不能以"员工不听指令"为理由，来博取客户的同情。于是，他召集各组长开了一次会议，讨论延误发货合同的问题。会中，每个人都讲述了自己的难处，取得了相互的了解，并一致通过向员工说明延误工作会产生什么样的后果。

他们对于那些爱放下工作谈几句的员工，说明自己的难处，也让员工了解到企业开工效率低，对员工自己的利益并无好处的道理。

组长的加紧督促，的确使效率比从前提高了不少，但也不能中途停止，因为大多数员工都抱着熬过几小时就放工的心态。如果没人提醒，他们极少会自觉地加快效率。

因此，管理者在指派员工工作时，必须要强调延误了工作会带来什么样的后果，对员工施加压力，使其知道利害所在，他们也就不会经常拖延工作了。

而对于认为工作做不好也没有关系，下次可以注意的员工，你便要不断地强调对他们施加压力的原因及后果，让他们时刻提高警惕，丝毫不敢放松，直到顺利地完成工作。

2. 下命令时该硬则硬，该软则软

中国式领导的管人能力往往表现在下达命令上，因为在任何一个企业或部门中，令行禁止是最起码的工作纪律。作为领导者，如何给下属下达命令，这要根据他所命令的对象而定，该硬则硬，该软则软，每一个企业领导都应清楚这一点。

一般来说，成功的管理者多以温和的和富有人情味的方法管理下属，也就是说以询问、鼓励和说服等方法带领他们前进。因为用奖励或肯定的方法使某种行为得以巩固和持续，比用否定或惩罚的办法使某种行为得以减弱或消退更为有效。

大多数受过教育的人喜欢做别人请求他们做的事而不愿做别人命令他们做的事。而且从长远观点看，批评过多会损害下属的自尊心，使他们的工作效率下降，给个人的精神造成极大的伤害。

但在必要的时候，为了加强管理，企业领导有必要采取强硬手段。中国企业的一些领导，即使当他们解雇某个员工时，也并不因为内疚而变得犹豫不决。他们一旦要采取坚决措施，就会变得冷酷无情。

现在企业领导者并不经常采取以权势压人的方法，因为他们知道这样做会冒一定风险，会引发一些问题。但毫无疑问，对于少数懒惰的下属，你只能用简单明确的指挥式命令，如"下午将这些活干完"，"快去打扫会议室"。只有这种命令，才能叫他立刻行动，不敢怠慢，不至于钻命令的空子，这也是不得已而为之的方法。

对于大多数下属来说（指表现一般的下属和工作积极主动、进取心强的下属），就要采取询问请求式命令，如"这件事请你做好吗？""我们该不该这么干？"下属普遍愿意接受这种命令，自然也就能达到最好的指挥效果。

为什么呢？道理其实很简单，没有人喜欢别人对自己表现权威，每个人都渴望受到尊重。运用上面这种命令方式，领导者不是居高临下，而是以平等的身份和下属商量，请下属参与决策并征求意见，这样自然给下属带来受到尊重的喜悦。

这种命令方式还有一个好处，可以避免领导者犯错误，使方案更完善。因为你下达的不是不容置疑的、必须执行的命令，而是询问请求式的，下属就有机会、有胆量说明他对这份工作的看法或者说明为什么不能接受这份工作，这份计划还有什么缺陷，或者认为这是一个好主意。

领导者可以从下属中吸收正确的部分，以达到兼听则明的效果。有些领导担心，这样下命令，下属会不会认为领导者很软弱，或者不买我的账？请放心，一般情况下是不会的。尽管领导者是在请求或者询问，可在下属听来，这仍是命令。对主动的下属来讲，这是最好的命令方式。

还有一种自愿式的命令，这种命令针对没有人愿意做而又不得不做的工作："谁愿做这份工作？"如果你直接下令要某个员工做这份工作，被分派的人肯定会满腹牢骚、愤愤不平，势必影响工作效果，而自愿者的心态则平和得多。自愿式命令的弊端是一旦没有员工自愿，领导难免陷于尴尬的境地，所以，最好在下令之前，心中有数，知道有人愿做此事。

总之，中国式领导下达命令时，要根据不同的员工，该硬则硬，该软则软。下达命令的方式很多，不一定非得一成不变地使用强硬的口气。只要能够更好地实现你的目的，不妨换个方式试一下。

作为一个管理者，应该像一个足球教练一样，在招聘阶段选好人，并把这些人才安排在适当的位置，让他们在一定的规章制度下去发挥自己的才能，给他们一个清晰的目标并适时激励他们。同时，作为一个管理者要树立一个强有力的形象，以坚定的态度、言出必行的办事作风去处理各项工作。只有这样"强将"式的管理者，才能让自己手下无"弱兵"。

适当集权不等于专权独裁

监控，从一定意义上是指管理者将权力上收，是一种集权的表现，这是科学授权的一种重要保证。但凡事都有两面性，权力控制若走上了极端，便又变成了专权。在现代社会，这极易引起下属的反感，甚至会将整个事情的进展引向极不理想的方向。所以，作为管理者一定要掌握好原则问题。

1. 民主原则

民主原则，就是指管理者在控权的过程中要走群众路线，听取员工的看法，实现民主决策。民主原则是管理者在工作中处理与员工关系应遵循的基本原则。管理者与员工最基本的关系，是权威和服从的关系。

管理者要遵循民主原则，首先就要有民主意识。贯彻民主原则的基础和前提是具有民主意识，较好的民主意识对管理者遵循民主原则会发挥重要的指导作用。

管理者要遵循民主原则，就要有平等意识。管理者在行使权力过程中应该把员工视作朋友，以平等的态度对待，不摆架子，不打官腔，充分尊重员工的权利，在管理者与员工之间建立一种互相了解、互相帮助的新型关系，把员工对自己的服从性和自觉性结合起来。

2. 依法原则

依法原则，就是指管理者要在法律、制度、政策规定的范围之内正确地运用权力。法是法律、法令、制度、规定的总称。

管理者注重法制，就是要在自己的权限范围内严格依照法律和制度来进行管理。任何管理都是对一个单位的管理，都是对一个群体的管理。管理就需要法，若离开了法，单位本身也就难以存在，群体就难免解体。管理一个国家需要有国法，管理一个单位也需要有规章制度。一个群体只有在一定的规则之内行动，才能保证单位的完整性、稳定性、正常性、和谐性。既然法是一个系统存在和发展的保证、正常运转的规则，那么作为掌握一定权力的管理者，在行使权力时首先就要注重法制建设，做到"有法可依""有章可循"。在遵循国家的法律、政策的同时，对本单位需要规范的问题用明文规定出来，明确允许怎么做、不允许怎么做，作为规章制度，用以约束下属，也作为处理和解决问题的一个重要依据。

遵循依法原则，还要求管理者应依法用权。管理者职位有高低、权力有大小，但是无论职位多高、权力多大，都必须受法律的约束，都必须在法律、制度、政策规定范围之内行使权力。

3. 廉洁原则

廉洁原则，就是指管理者在运用权力时要奉公守法、廉洁自律，不以权谋私，应运用权力更好地为员工和企业服务。

权力是为了完成各种不同职能而被赋予的，它是完成工作任务的工具。凡是掌握一定权力的管理者都有圆满、认真完成本职工作的职责。从这个意义上说，没有无责任的权力，也没有无权力的责任。责任与权力是相伴而生的。

坚持廉洁原则，不以权谋私，不是一个深奥的理论问题，而是一个实践问题，重在行动、贵在自觉。评价一个管理者是否廉洁，不是看他定了多少条措施、做过多少次声明，而是看他在行使权力中做得如何。一个管理者只有排除个人主义、私心杂念，不打自己的"小算盘"，才能坚持廉洁原则。

坚持廉洁原则，就要加强思想道德修养。管理者的思想道德状况制约着权力的使用。管理者集权时，其思想和行为都应遵循道德规范和准则，这就是职业道德。

不讲原则的集权，都是滥权。这一点，每位管理者都应铭记于心。管理者还要注意以下五个针对授权的集权原则。

1. 可能损失原则

凡后果严重的，可能影响全局的，可能造成的损失较大的，应由管理者决策。

2. 责任范围内原则

一项重大决策需由管理者承担法律责任的，应由管理者作决策。

3. 决策范围原则

凡需作出一致性规定的，指导全局工作或规范全体成员行为的，应由管理者决策。

4. 监督考核原则

凡属应由上级对部下工作进行监督考核的，要由管理者决定。

5. 任务性质原则

各部分任务性质相同的内容，为保持政令统一，宜由管理者决定。

管理者要掌握集权和放权的良好运用：集权过分，下属会认为你不近人情、缺乏理解，从而产生逆反心理，不愿干出成绩；过分放任，会使你显得软弱，缺乏应有的威慑力，从而使下属对你的命令或指示置若罔闻。

赏罚分明：我踢人，但我也拥抱人

一个人，在待人方法上有两条原则，即对人要功过清楚，赏罚分明；对己则恩仇勿显，免去猜疑。从管理者来讲，固然需要"恩威并用"，同时必须奖罚分明。赏罚是使人努力的诱因，一个丧失工作诱因的人，他的工作情绪必然不会高昂。假如是一两个人这样还不要紧，万一群体也如此，这个集体乃至社会必然要陷于不进步的停顿状态，所以赏罚又是促进整个社会进步的一大动力。

历朝皇帝打天下，哪一个不是以论功行赏作为调动文臣武将积极性的手段呢？就现实生活中的人来讲，不论是做官还是一般人的交际，都需要克己，需要讲究方式方法。恩怨分明本是做人的原则，但在这里需要忍耐，其目的就是分清功过而勿显己之恩仇，以便使大家能为一种共同的目标团结一致。

每年，韦尔奇都要求每一家通用公司为他们所有的高层管理人员分类排序，其基本构想就是强迫每个公司的管理者对他们的员工进行区分。

第04章
制度原则：坚持"情、理、法"并重

他们必须区分出：哪些员工是属于最好的20%，哪些员工是属于中间的70%，哪些员工是属于最差的10%。如果他们的管理团队有20个人，那么就应知道，20%最好的4个人和10%最差的2个人都是谁——包括姓名、职位和薪金待遇。

韦尔奇认为那些不能或不愿融入团队中的通用管理人员，有必要逐步治疗其心理的病症。他承认，要想改变通用管理人员们的顽固老化思想和行为是一件很困难的事。他在公司年报中特意提到，去管理、控制、指挥他人的欲望是异常强烈的，并且，按照通用电气公司一个世纪以来的传统认识，衡量个人价值的通常标准是：他是否知道管理者以及他手下管辖员工的数目。

杰克·韦尔奇很清楚通用电气公司需要什么类型的管理人员。他对管理人员应该具备的品质特征进行了详细描述，揭示出在通用电气能够得以生存发展的惟一办法是：让自己成为团队中的一员，并使自己适应公司的价值取向和企业文化的要求。

有一次韦尔奇到通用的一个主要事业经营地去视察，他对负责该处事业的经理说："这个事业已经经营得相当不错，但我觉得它可以做得更好。"

这位经理问道："是吗？你可以帮我找到答案吗？看看我们的盈余，看看我们的投资收益率，我已经做到每个经理都想做到的事。你到底要我再做什么呢？"

韦尔奇如实地回答说："我不知道答案。我惟一知道的是你可以做得更好。我给你一个月的休假，你完全不要想这里的事。你回来后，就想着你是刚被任命为这个事业部的经理，而不是已经担任了4年的经理。你以新经理的眼光，重新看看所有的作业流程，尝试不同的方式，以不同的角度去分析事情。"

这位经理仍然不理解韦尔奇的意思，一个月后他没有做任何改变。一年之后，他被革职了。

但是，处理表现最差的10%相比那最好的20%要艰难得多。新上任的经理第一次确定最差的员工，没什么太大的麻烦，是件容易的事。但事情越来越困难。到最后，"简直就成了一场战争"。

他们认为，那些表现最差的员工已经离开了这个团队。他们已经喜欢上了团队里的每一个人，和每一个人都有了感情。到第三年，假如说他们团队有40个人的话，对于底部的10%，他们经常左思右想犹豫不决，连一个都确定不出来，更别说4个人了。同时，经理们会想出许多奇招怪法来避免确定这底部最差的10%。有时候，他们把那些当年就要退休或者其他已经被告知要离开公司的人列入"黑名单"。有些经理甚至干脆把那些已经辞职的人列在最差员工的名单里。有一家公司的手法可谓是登峰造极，他们把一位在开会前两个多月就已经去世的员工确定为底部的10%。

选出最差的10%的确需要很大的勇气，是一项很艰难的工作，没有哪个管理者愿意作这种痛苦的决定。很多管理者一直持有激烈的反对意见，甚至还有来自公司里最优秀员工的反对。韦尔奇亲自努力去解决这个问题，并经常感到内疚，因为自己还不够严厉。对任何一种想逃避的冲动，他都必须坚决把它压下去。如果一个通用的企业管理者把分红或股票期权分配方案的推荐意见上交，却没有区分出底部最差的10%，韦尔奇会毫不犹豫地把这些意见全退回去，直到他们真正作出了区分。

有些人认为，把员工中底部的10%清除出去是残酷或者野蛮的行径。事情并非如此，而且恰恰相反。韦尔奇认为，让一个人呆在一个他不能成长和进步的环境里才是真正的野蛮行径或者"假慈悲"。先让一个人等着，什么也不说，直到最后出事，到了不可补救的地步，这时候才告诉人家："你走吧，这地方不适合你。"而此时他的工作选择机会已经很有限了，而且还要供养孩子上学，赡养老人，还要支付大额的住房贷款，这才是真正的残酷。

第04章
制度原则：坚持"情、理、法"并重

韦尔奇在踢人的时候，也拥抱人。

韦尔奇担任董事长以后，从通用电气公司外面聘用了很多管理人员，其中乔伊丝·赫根汉是第一位。她心直口快、性格坚定，是一位很聪明的管理者，在处理复杂纠纷方面受过良好的训练。

有一次，韦尔奇正开着自己的大众轿车在新泽西的收费公路上行驶，突然引擎熄火了，车被拖到一家修理站。在那里他遇到了一位名叫霍斯特·欧博斯特的德国技师。在随后的两天里，他开着韦尔奇的大众车四处进行越野试车，并建立了很好的关系。韦尔奇对他的胆量很是惊叹，便决定给他提供一份工作。一周以后，他便到匹兹菲尔德的GE塑料公司上班了。霍斯特在那里工作了35年，得到了好几次提升。

发现优秀人才可以通过各种各样的渠道。韦尔奇一直相信："你遇到的每一个人都是另一场面试。"

事实上，不管他们来自什么地方，韦尔奇总是致力于发现和造就了不起的人。韦尔奇强调过很多观点，但他尤为注重把人作为GE的核心竞争能力，在这一点上他倾注了比任何其他事物都多的热情。

摩托罗拉公司就是成功运用韦尔奇这一理论的范例。

摩托罗拉力求把人才的流失率保持在一个正常的水平，这个比率根据整个行业而定。摩托罗拉认为8%～10%的人才流失率是很正常的，低于这个比率则公司缺乏新员工的更新，会导致机体缺乏活力。摩托罗拉大学学历者流失率相对高一些，在10%以上，而操作工比较稳定，流失率只有1%。

按照工作业绩，摩托罗拉将员工分成最优秀、中间、表现欠佳三类，三类的比例分别为20%、70%、10%。与其他许多500强公司的看法一样，摩托罗拉信奉"20/80法则"，即80%的价值是由20%的人创造的，20%的员工起着非常关键的作用。摩托罗拉竭力留住的就是这部分人才。摩托罗拉众多海外培训以及升职、加薪的机会都会优先安排给这些员工。

中间的70%是企业发展的中坚力量，表现一直很稳定。对于最差的10%，摩托罗拉会逐一作出分析，某些人可能是其工作岗位与之所学或特长不相吻合，通过更换工作职位可以实现其价值。但公司每年还是会有一定比率的员工被淘汰。摩托罗拉会直言不讳地告诉员工，在这个公司可能不太适合你的发展，最好的方法是去另一家公司，可能会更有前途。

摩托罗拉留住人才的做法就是差异化。20%是一种差异化，培训也差异化。通过这些做法，员工就把注意力放到了对企业贡献最大的地方，使他的工作可以使全体人员受益。

在摩托罗拉，忠诚、有才能的人将被提拔任用，愚昧不明、才能低下的人将被辞退。摩托罗拉留下的是忠诚而有才能的人，因为他们是企业的根本、未来和财富。

在海尔，张瑞敏在海尔造就了一种"电击式"环境。对员工而言，这意味着一种竞争性很强的达尔文主义企业文化。海尔对员工的评价体系是个人的（团队工作不被评价）、即时的（工作完成后即时奖惩）、定量的（依据完成工作的多少和造成损失的大小予以评价，很少考虑个人努力、态度、动机等因素）、公开的（评价的规则和结果对所有人公开，工人可以算出自己的工资，管理层的主观评价少有分量），以结果为导向，注重金钱的正激励和"负激励"（海尔用语，等于是惩罚，目的在于教育员工不再犯同样的错误，而不仅仅是简单地让其付出点代价），根据目标达成度、市场业绩来计算员工工资，年龄、性别、学历、工龄等都不是报酬的基本决定因素。在人事升迁和变动上，实行竞聘上岗、动态转化，重视与依赖市场机制的杠杆，而很少从上级或人事部门的一己判断出发。推行"10/10原则"，每年选择最优的10%作为典型、作为标准，把最差的10%淘汰。第一年的最后10%，公司送他去培训，第二年如果还是10%，他自己花钱去培训，第三年还是10%的话他就得走人了。

由多块长短不一的木板所构成的木桶，其装水的多少将由最短的一块木板所决定，这就是著名的木桶理论。在企业的人力资源上，更是如此。木桶理论提醒我们：一个企业实际上能发展多大，主要不是取决于企业所拥有的资本规模，而取决于企业获得多少忠实的、有创造力的雇员。而保持一支创造性队伍的关键是最短的木板能够承受多大的压力。因此，把最短的木板变"长"或者舍弃，是企业实现跨越使命最为重要的环节。

管理者必须兼具软硬两手，既要踢人，也要拥抱人，实施起来坚决果断。拥抱人是件好事，踢人虽然会使人痛苦一时，但绝对必要。如果执行之时优柔寡断，瞻前顾后，就会失去应有的效力。

用最简单的方式打动人

杰克·韦尔奇说："失去A类员工是一种罪过，一定要热爱他们，拥抱他们，亲吻他们，不要失去他们。每一次失去A类员工以后，我们都要做事后检讨并一定要找出这些损失的管理责任。"

就小事而论，它的确没有非常重要的意义，但用辩证法的观点去考察，你就会发现一件小事往往会引发大事，几件小事加在一起就有可能产生意料之外的形态和意义。

小事犹如一块块未经雕琢的璞玉，如果你没有一双识别它们的慧眼，细心鉴别，它们就永远埋在山野石林之中，很难被人们发现其价值所在。

你了解你周围每一个人的长处短处吗？你每天有没有看到周围细微的变化？你是否发现别人哪怕是一丁点儿的优点？如果人人都去关注自己的周围，去发掘一滴水中的世界，那么在彼此的赞美声中，人们获得的将是世间荡漾着的温情。

假如你是一位统率千军万马的元帅，你会过问每一个士卒的饥寒冷暖吗？事实上，这是根本不可能的。但是，你可以适时、适当地参加一些细致入微的工作事务，这对你赢得人心大有帮助。如果你总是摆出一副官架子，遇到一些事就满脸的不高兴，不屑于做或者根本不情愿去做小事，那么，你的下属将会对你产生成见。

在处理一些小事上，你做的效果不佳，或不完美，也会被下属们轻视、讥笑。他们会认为像你这样连一点儿小事都不想做，或者连一点儿小事都做不成的领导，又如何做得了大事情呢？你的信誉将会受到威胁。

要从小事关心员工，管理者首先得做一个有心之人，善于发掘小事后面的重大意义，这就要留心观察，细心思考。有一些小事，你作为企业管理者，必须努力去做到。

例如，你的下属得了一场大病，请了半个多月的病假在家养病。今天，他恢复健康，头一天来办公室上班，难道你对他的到来会面无表情，麻木不仁，不加半句客套，没有真诚的问候话语吗？

再比如，你手下的一位年轻员工找到了一位伴侣，不久要喜结良缘，或者这位下属在工作上取得了突出成就，为企业或本部门作出了杰出的贡献，难道你就不冷不热、无动于衷地不加一声祝贺称赞的话语吗？

小事足可以折射出管理者的品质风貌，员工往往会通过一些鸡毛蒜皮的小事，去衡量你、评判你。小事往往是成就大事的基石，这两者之间是相互联系、相互影响、相辅相成的。管理者要善于处理好这两方面的关系，使两者相得益彰。

如果管理者能在许多看似平凡的时刻，勤于在细小的事情上与下属沟通感情，经常用"毛毛细雨"去灌溉员工的心灵，下属会像禾苗一样生机勃勃、茁壮成长，最终必然结出丰硕的果实。

调动员工的积极性，激发他们的热情和干劲，企业管理者光会说一些漂亮话是不够的。配合实际行动，不失时机地显示你的关心和体贴，无疑是对下属的最高赞赏。这种方法可以在下列场合中收到最好的效果：

1. 记住下属的生日，在他生日时向他祝贺

现代人都习惯祝贺生日，生日这一天，一般都是家人或知心朋友在一

起庆祝。聪明的企业管理者则会"见缝插针",使自己成为庆祝者中的一员。有些管理者惯用此招,每次都能给下属留下难忘的印象。或许下属当时体味不出来,而一旦换了领导有了差异,他自然而然地会想起你。

给下属庆祝生日,可以发点奖金、买个蛋糕、请顿饭,甚至送一束花,效果都很好,乘机献上几句赞扬和助兴的话,更能起到锦上添花的效果。

2. 下属住院时,管理者一定要亲自探望

一位下属住院了,企业管理者如果亲自去探望,说几句贴心话:"平时你在的时候感觉不出来你作了多少贡献,现在没有你在岗上,就感觉工作好像没了头绪、慌了手脚。安心把病养好!"对下属来说就会意义非凡。

有的管理者就不重视探望下属。殊不知下属此时是"身在曹营心在汉",虽然住在医院里,却惦记着管理者是否会来看看自己。如果你不来,对他来讲简直不亚于一次沉重打击。他不免会嘀咕:"平时我干出成绩,他只会没心没肺地假装表扬一番,现在我死了他也不会放在心上,真是卸磨杀驴,没良心的家伙!"

3. 关心下属的家庭和生活

家庭幸福和睦,生活宽松富裕,无疑是下属干好工作的保障。如果下属家里出了事情,或者生活很拮据,管理者却视而不见,那么对下属再好的赞美也无异于假惺惺。

有一个中国的电子公司,职员和管理者大部分都是单身汉或家在外地,就是这些人凭满腔的热情和辛勤的努力把公司经营得红红火火。该公司的管理者很高兴也很满意,他们没有限于滔滔不绝、唾沫横飞的口头表扬,而是注意到职工们没有条件在家做饭,吃饭很不方便的困难,就自办了一个小食堂,解决了职工的后顾之忧。

当职工们吃着公司小食堂美味的饭菜时,能不意识到这是管理者为他们着想吗?能不感激管理者的爱护和关心吗?

4. 抓住欢迎和送别的机会，表达对下属的赞美

调换下属是常常碰到的事情，粗心的企业管理者总认为不就是来个新手或走个老部下吗？来去自由，愿来就来，愿走就走。这种思想很不可取。

下属调走时，彼此相处已久，疙疙瘩瘩的事情肯定不少，此时用语言表达管理者的挽留之情很不到位，也不恰当。而没走的下属又都在眼睁睁地看着要走的下属，心里不免想着或许自己也有这么一天，管理者会怎样评价他呢？此时企业管理者如果高明，不妨做一两件让下属满意的事情以表达惜别之情。

第 05 章

找到制度化与人性化的结合点

带着关爱去批评

为了批评而批评,是批评下属时最忌讳的。或许你会减少一点怒火,但是被你批评的对象却会因为你的批评而惶恐不安,以致影响平时的正常工作。

为了避免类似的错误发生,每一位管理者应当从现在开始,改变一下批评和斥责的方式,三思而后行,在说出斥责的话语之前,提醒自己:批评是为了让员工认识错误、改正错误,并且以后不再犯类似的错误,而不是为了批评而批评,为了斥责而斥责。

管理大师松下幸之助认为:员工身上最宝贵的莫过于他们的羞耻心和责任心,所以,在管理中,为了调动员工的积极性,在批评员工的时候,一定要注意对员工自尊心的保护,不能让批评过了头。相反,要注意利用这种自尊心和羞耻心,在斥责员工的时候注意把握分寸,掌握艺术。利用了员工的这种心理可以让斥责和批评达到目的,使员工能在批评下奋力一搏,最大限度地发挥自己的聪明才智。

俗话说:"当局者迷,旁观者清。"这句话很有道理,当你的员工把完成的工作交给你的时候,可以肯定地说他此时并没意识到错误的存在,否则,他就会努力去改正。所以,在批评你的员工的时候,你一定要指出他的错误所在,如果不能让他了解错误的所在而是一味地斥责的话,那么,这样的批评只会增加他心中的不满,永远不会达到批评的目的,下次他再犯同样的错误也就很正常了。所以,在批评之前告诉他到底错在什么地方很重要。

员工做错了事要受到惩罚,这是正常的,也是改正错误所必需的,但是别忘了,批评仅仅是促进犯错者改正错误的一种手段和方式,而不是目的,如果被批评者在得到了这个教训之后不再犯同样或类似的错误,就可以说批评的目的达到了。所以批评的同时最好能对其今后的行动加以指导。对犯错者提供指导也能使他更加容易接受批评意见，所以，最好是双管齐下。

当你在批评你的孩子的时候，你大概不会仅仅为了批评而批评吧？！如果你在批评你的员工的时候，能够像批评你的孩子一样怀一颗关爱、仁慈的心，或许批评的效果会好一点。

委婉地指出下属的错误

在一些特定条件下，批评他人，指出别人工作中的错误和疏漏不能过于直接，因为那样容易造成对抗情绪，从而导致他错上加错。而委婉的批评、善意的指导则容易让人接受。

约翰·瓦纳梅克每天都要到自己的店里去一趟。有一次，有位顾客等在柜台前，没有人理会她。店员呢？他们正聚集在另一个角落里聊天嬉笑。瓦纳梅克不说一句话，静静走到柜台后，亲自帮那位女士结账。他把东西交给店员包装后，便走开了。

有许多人在真诚的赞美之后，喜欢拐弯抹角地加上"但是"两个字，然后开始一连串的批评。举例来说，有人想改变孩子漫不经心的学习态度，很可能会这样说："杰克，你这次成绩进步了，我们很高兴。但是，你如果能多加强一下代数，那就更好了。"

在这个例子里，原本受到鼓舞的杰克，在听到"但是"两个字之后，很可能会怀疑到原来的赞美之辞。对他来说，赞美通常是引向批评的前奏。如此，不但赞美的真实性大打折扣，对杰克的学习态度也不会有什么助益。

如果我们改变一两个字，情形将会大为改观。我们可以这么说："杰克，你这次成绩进步了，我们很高兴。如果你在数学方面继续努力下去的话，下次一定会跟其他科目一样好。"

这样，杰克一定会接受这番赞美了，因为后面没有附加转折。由于我们也间接提醒了应该改进的注意事项，他便懂得该如何改进，以达到我们的期望。

间接提出别人的错误，要比直接说出口来要温和，且不会引起别人的强烈反感。玛姬·贾可布有次谈到，她如何使懒散的建筑工人养成良好的事后清理的好习惯。

贾可布太太请了几位建筑工人加盖房间。刚开始几天，每次她回家的时候，总发现院子里乱七八糟，到处是木头屑。由于这些建筑工人们的技术比较好，贾可布太太不想让他们反感，便想了一个解决的办法。她等工人们离去之后，便和孩子把木屑清理干净，堆到园子的角落里。第二天早上，她把领班叫到一旁，对他说："我很满意昨天你们把前院清理得那么干净，没有惹得邻居们说闲话。"从此以后，工人们每天完工之后，都把木屑堆到园子角落里，领班也每天检查前院有没有维持整洁。

许多后备军人在受训期间，最常抱怨的就是必须理发，因为他们认为自己仍算是普通老百姓。一级上士哈理·凯撒有次奉命训练一群后备士官，按照旧时一般军人管理法，他大可对那群士官吼叫，或出言恫吓。但他并没有这么做，只是用迂回战术达到目的。

"诸位，"他这么说，"你们都是未来的领导者，你们现在如何被领导，将来也要如何去领导别人。诸位都知道军队中对头发的规定，我今天就要按照规定去理发，虽然我的头发比你们的还短得多。诸位等一下可以去照照镜子，如果觉得需要，我们可以安排时间到理发室去。"结果可以料想，许多人真的去照镜子，并且遵照规定理好了头发。

管教孩子的方法可分"限制"和"要求"两种。孩子在餐厅吵闹时，大人大声吼住是限制管教。这种方法虽能吓阻孩子的行为，却会让孩子感到无所适从。相反，斥责后再指示该怎么做，便属于后者——要求管教。

美国的心理学家以8岁的孩子为对象，调查孩子的上进心与幼儿期的管教方式的关系。结果显示，有上进心的一组孩子，均是接受要求管教而成长的，而缺乏上进心的孩子，自小到大完全是接受限制管教。

为什么接受限制管教而长大的孩子干劲低落？因为行为受限制，自然会产生不满，使向上精神降低。行动被禁止或抑制，是表示欲求遭受阻碍，这会使人失去意愿，也会缺乏去改变行动的积极精神。限制管教法用久了，孩子便会丧失上进心。

只要能记取这点教训，对提高批评效果会有所助益。因为大多数的领导都误以为，批评就是管理。也以为不常常批评部下反而会被部下轻视，所以，为表示自己的地位高于部下，便以批评作为管理的重要手段。

像这样以批评来惩罚部下，到最后不免会削弱部下的干劲。因为人的大脑部分刺激，将会波及四周，而想起过去发生的许多事，且会无限扩大，使人感到犹如被绳子勒紧脖子一般。如此将会使部下的欲求不满，上进心也随之减弱。基于这点，批评人之时，首先要确定批评内容。在脑海中先演示批评的经过情形，才能增加批评效果。

下属的错误是管理者需要经常面对的问题，有时需要坦白指出来，有时则需要迂回一下，委婉一点。两者的区别和火候需要管理者用心揣摩才行。

不要当众斥责下属

对于管理者来说，当众批评下属是不明智的。因为当众批评会刺伤对方的自尊心，可能引发强烈的抵触情绪，也许会因之产生"我偏不干好"的逆反心理，也可能使其为了维护"面子"而当众反驳。

不管发生哪种情况，批评的实际效果是十分差的，特别是引发被批评者的当众反驳。这种行为既影响管理者的威信，又可能由于被批评者不断的辩护而强化了自认为"正确"的心态。

当着众人的面批评一个人不仅是自己拆自己的台,而且会使受批评的人意志消沉,产生自卑感。有一个经理在现场检查产品质量时,对一名主管大声斥责:"喂,你竟给生产劣质产品开绿灯!要知道,公司是不接受这种劣质产品的。你在这里表现得不好,你必须赶快把质量搞上去,否则,我会重新物色人选。"结果,除了他以外,在场的所有人都很气愤。

这样当众训斥人不但会使被斥责者十分气愤,而且还会使在场的每一个人都感到十分尴尬,感到自己有朝一日也会有同样下场,于是人人自危。同时,这样做还有可能导致员工怀疑其上级的能力。这样,他作为一名管理者所能发挥的作用就小了,其自尊心也会受挫伤,致使他从此疑虑重重。经理这样愚蠢地处理问题,只能使问题更加严重。经理不应该当众批评下级人员,而应私下同他研究质量问题,这样既能使产品质量问题得到正当的解决,又能保护下属员工旺盛的士气,对各方面都有好处。

人都是要面子的,尤其是在大庭广众之中。有一些管理者总喜欢不分场合地对手下的部门负责人指手画脚,当众喝斥,动辄发脾气,把下属人员置于难堪的境地。他以为这样做会激发员工发挥更大的能动性,通过羞辱行为教育下属人员,以为这样才能体现自己的威严。这样做虽然对下属人员一时会奏效,但却不能长久下去,因为它会造成人为的心理紧张,对人的自尊心是一种极大的伤害。即使下属人员当时被迫接受了管理者的责备,但内心深处却留下了一个阴影。不断地被斥责,阴影会越来越大,终于会有一天爆发出来,使管理者与下属人员之间矛盾激化。更有可能的是,下属人员产生的自卑心理会越来越强,意志会日益消沉,尤其是年轻人,还会自暴自弃。这对用人、激励人是没有任何好处的。

一个成功的管理者,当他的下属犯了错误时,他会选择适当的方式,如私下里面对面对下属提出批评。这样,下属会感激万分,因为他清楚,上司不仅给了他面子,而且还给了他机会,知恩必报,以心换心,下属会更加努力，作出好成绩来报答上司。

简短有力的批评更有效

人们常说："沉默是金，开口是银。"一句简简单单的话语却道出了人际交往中的一条重要规律。身为管理者，在与员工交流时你常常得多开口，但是你有没有想过，你的过于"健谈"已经引起了员工的不满呢？其实，适当的沉默，给员工留下一个宁静的空间，让他们想自己该做的事，这才是你处理与员工关系的智慧宝石，巧妙地运用它，你将会得到意想不到的收获。

言简意赅地传达你对员工们的要求和期望，如有必要，再把注意事项交代清楚即可，然后你就可以保持沉默，留一些时间给你的员工们好好考虑具体的步骤。当他们的想法不够准确全面时，你才可以适当地给予补充，作一次适时的指导，但千万不要剥夺你的员工发言与思考的机会。

在你批评雇员时，适当的沉默、宁静可以起到"此时无声胜有声"的作用。通常来讲，当你批评员工时，他的情绪波动是很大的。每个人都有自尊心，成年后更是觉得面子是很重要的。也许你只是想苦口婆心地劝导他一番，并无他意，但是无形中你却伤了员工们的自尊心，让他们觉得颜面挂不住，索性产生了"破罐子破摔"的心理，那你的批评岂不是得不偿失？不要到处都充满你的斥责声，在适度批评之后保持一个沉默的空间，让他有时间冷静地想想自己的所作所为，相信这更是一种对当事人的威慑。一方面，员工会因为你的"点到为止"，感谢你为他们保留了颜面，另一方面也显示出了你宽广的胸怀。你的默不做声并非是对错误的迁就，而是留给了对方一个自省的余地。

当内部员工发生争执时，适当的沉默，给他们时间冷静是你的缓兵之计。争执的双方为了寻求一个说法，也许会将你——他们心目中的权威者拉入其中，让你做个公断。在你没有经过深思熟虑之前，你绝不可以表明自己的立场，滔滔不绝地发表自己的看法。即便你已经知道了谁对谁错，在双方还面红耳赤地争执、谁都不愿意让步时，你的公断也不会达到预期的效果，只可能会使一方的自尊心受挫，认为你是有意偏袒。此时适当的沉默才是你最好的选择，待到双方头脑冷静后，你再公正地作出评价，其效果必定会事半功倍。

搬弄是非的人似乎在哪里都能找到生存的环境。当你的组织中也存在着一小撮喜欢"打小报告"的人时，对待他们的最好办法就是保持沉默，给他们时间，让他们随意去说。这时沉默并不是对搬弄是非者的纵容，而是在一定程度上制止了是非的蔓延。试想，如果你对那些"人事秘书"们的小道消息表示出了兴趣，他们一定会更加肆无忌惮，必定会闹得满城风雨，良好的人际关系会被搅得一塌糊涂。而若是你选择了沉默，等到他们讲够了必定会索然无味地从你身边走开，是非也就失去了传播的源头。

管理者对员工的批评关键是说在点子上。用适当的话语，留给员工更多自省的空间，以认识所犯的错误，又何乐而不为呢？

用"表扬"来批评

管理者常会遇到大多数人同时犯错误的情况，比如公司开会，大多数人都迟到了。在这种情况下，你不管不问不行，进行处理又有难度。

中国有句古话叫"法不责众"，挨批评的人多了，大家会觉得无动于衷，点谁的名进行批评，谁就会心中不服："大家都是这样，又不是我一个，凭什么单挑我的刺？"大多数人有着共同心理，会觉得你的批评是唠唠叨叨，吹毛求疵，十分讨厌，说不定还要"触犯众怒"呢。

那么，这个时候应该怎么办呢？

比如说，老板召开会议，只有财务部主管准时到达会场，其他人全部

第05章
找到制度化与人性化的结合点

迟到。老板大为恼火,但他没有批评任何人,只是表扬了财务部主管,高度赞扬了他的守时作风,结果其他人都面带愧色。

因为迟到的人当中很可能有人有正当理由,如果不分青红皂白就将他们批评一通,那么有正当理由者必然心中不服,觉得冤枉要申辩。他一申辩,其他人也会纷纷申辩,结果不但达不到目的,还把大多数人都给得罪了。

其实在场的人谁也不怕批评,因为这么多人陪着,又不丢脸,一旦有人申辩,何不跟着起哄?若将"有正当理由的"和"没有正当理由的"区别对待又不可能。就算你能区分,效果也不会好。

所以,表扬少数实在是最佳做法,既扬了正,又压了邪,受表扬者当然高兴,对大多数人来说,虽然你含蓄地批评了他们,但并没有得罪他们,他们一方面感到羞愧,一方面还觉得你给了他们面子,会对你更加感激和服气。

大多数人受到责备时,都会觉得不舒服,但也有些特殊的人,把责备看成家常便饭,被责备一顿,过后立即抛之脑后。任你说破嘴皮,依然我行我素。此时不妨反过来考虑,从表扬上找方法。

某公司的女经理,精明能干,手下一班干将做事干练,智勇双全。但不久前,她的一名助手调到别处,接任的是一名刚刚毕业的女大学生。这位新来的女大学生,做事马马虎虎,一些资料常常不加整理便递交上去,办公桌上的文件乱七八糟,女经理批评了她许多次,她仍一切如故。女经理决定改变一下策略。以后,她就细心地去发现女大学生的优点,并且发现优点后就立即给予称赞。

这个办法果然奏效了,那个女大学生慢慢地变得做事有条理,也不再那么马虎了。一个月之后,她的工作基本上能令经理满意了。

办一件事,方法是多种多样的,当一种方法不能奏效时,就应考虑寻找另一种方式。用表扬来批评,既能达到批评的目的,又能使员工乐于接受,管理者不妨常用。

"狠批"勿忘善后

上下级之间的感情交流,不怕波浪起伏,最忌平淡无味。有经验的管理者在这个问题上,既要敢于发火震怒,又要有善后的本领;既能狂风暴雨,又能和风送暖。

发火,不论多么高明总是会伤人的,只是伤人有轻有重而已。因此,发火伤人后,需要做及时的善后处理。正确的善后,要视不同的对象采用不同的方法,有的人性格大大咧咧,管理者发火他也不会放在心里,故善后工作只需三言两语,象征性地表示就能解决问题;有的人心细明理,管理者发火他能理解,也不需花大功夫去善后;而有的人则死要面子,对管理者向他发火会耿耿于怀,甚至刻骨铭心,此时则需要善后工作细致而诚恳,对这种人要好言安抚,并在以后寻机通过表扬等方式予以弥补。

真正善于驾驭人的上司,在痛斥之后,一定不忘立即补上一句安慰或鼓励的话语。因为,任何人在遭受总经理的斥责之后,必然垂头丧气,对自己的信心丧失殆尽,心中难免会想:我在这家公司别想再往上爬了!如此造成的结果必然是他更加自暴自弃。

此时上司若能"打一巴掌揉三揉",适时地利用一两句温馨的话语来鼓励他,或在事后私下对其他下属表示:我是看他有前途,所以才舍得骂他。如此,当受斥责的下属听了这话后,必会深深体会"爱之深,责之切"的道理,更加发奋努力。如果上司在痛斥下属之后当天晚上立刻打电话给该下属,给予一番鼓励与安慰,那么遭受斥责的下属会心存感激地认为,领导虽然毫不留情地训了我一顿,但他实在是用心良苦。如此一来,下属对于责骂的内容更加牢记在心,大大提高了工作的自觉性。

批评员工讲究方式方法

批评是一种艺术。作为管理者，能以一种幽默的方式责备对方，这是最好不过的了。在玩笑中提醒了对方，也在玩笑中告诉了对方自己不在意。如果能在私下里提醒，而不是当着许多人的面，那就更巧妙了。

有些管理者总觉得批评、责备人是件严肃的事，于是总会下意识地找个正规的场合，用比较严肃的语气和表情进行批评。其实批语、批评与责备有很多讲究，对不同的对象要采取不同的技巧，也要选择不同的时机。

批评下属是一件不太轻松也不容易的事情，有时会令那些缺乏管理知识和经验的领导者感到无所适从。但是，谁都会犯错误，如果管理者不懂得如何批评下属，就有可能降低部门的工作效率，甚至影响整个团队的工作情绪。有些管理者一时激动就不分青红皂白对下属进行批评，而忽略了对客观事件本身进行全方位的调查。所以在批评前要弄清事实真相，而且批评最好能单独进行，如果找上几个领导一起批评，那就成批斗会了，结果会让对方感到无地自容，甚至对生活都会失去信心。如果能在办公室单独进行，即使其他人也知道，但至少他会有一种侥幸心理："领导批评我好像没人知道。"领导在批评下属时应尽可能营造轻松一点的气氛，比如以关心问话开始，或者以聊家常开始，都能让批评有一些人情味，也能体现你的关心。

虽说事情都是人做的，但在批评下属时，还是要尽量对事不对人。这样做也是为了防止让下属认为你对他有成见。"对事不对人"不仅容易使下属客观地评价自己的问题，让下属心服口服，它的重要意义还在于这样可以在部门内部形成一个公平竞争的环境，使下属不会产生为了自己的利益去溜须拍马的想法。

如果在批评时，下属有抵触情绪，在批评后的几天之内，管理者应该找下属再谈谈心，消除下属可能产生的误解；如果批评后，下属还没有改正错误，要认真地分析他继续犯错的原因，而不应盲目地再次批评。

实际上，大多数的错误不是由下属主观引起的，可能是多种因素的综合结果。当管理者在批评下属时，也要认真地反省自己应该承担的责任。

批评需注意的要素

管理者要想达到让下属改正错误的目的，在批评中必须注意以下三点：

首先，批评贵有别。

在批评的过程中，不同的人由于经历、文化程度、性格特征、年龄等的不同，接受批评的能力和方式也有很大的区别。同时，由于性格和修养上的不同，不同的人对同一批评也会产生不同的心理反应。因此，管理者在批评时就要根据被批评者的不同特点采取不同的批评方式，切忌批评方法单一，死搬教条。

一般来说，对于自尊心较强而缺点、错误又较多的人，应采取渐进式批评。由浅入深，一步一步地指出被批评者的缺点和错误，从而让被批评者从思想上逐步适应，逐渐地提高认识，不能一下子将被批评者的缺点"和盘托出"，使其背上沉重的思想包袱，反而达不到预期的目的。

对于性格内向、善于思考、各方面都比较成熟的人，应采取发问式批评。管理者将批评的内容通过提问的方式，传递给被批评者，从而使被批评者在回答问题的过程中主动思索、认识自身的缺点错误。

对于思想基础较好、性格开朗、乐于接受批评的人，则要采取直接式批评。管理者可以开门见山、一针见血地指出被批评者的缺点错误。这样做，被批评者不但不会感到突然和言辞激烈，反而会认为你有诚意、直率，真心帮助他进步，因而乐意接受批评。

总之，批评要根据对象的不同特点采取不同的方法，从而有效地达到批评的目的。

其次，批评贵有度。

人们常说"凡事得有度"，可见，做什么事情都得掌握一个度，要有"分寸"。在批评中也一样，"过"与"不及"都是应当避免的，要力争做到恰到好处，从而更好地达到使人奋发向上的目的。那如何才能做到恰到好处呢？

第一，管理者要在批评前告诫自己批评的目的不是针对人，而是要通过批评来帮助员工改正错误，进而使他奋发向上。要告诫自己只要达到了这个目的就不要再刻意去责备员工，只要员工认识到了自己的错误，诚心地表示要吸取教训，并提出了改进方案，这样批评的效果就已经达到了，这时就不应该再批评而应该多鼓励。

第二，充分认识到与员工的关系是一种合作的、同志间的关系，认清彼此间并不存在根本的矛盾。因此，批评的目的是要把问题谈透，而不是把下属批臭。管理者在批评中应该表现出大家风范和君子气派，切不可小肚鸡肠、斤斤计较，必要时还可以适当选用具有一定模糊性的语言，暂为权宜之策。

第三，下属员工所犯的错误，虽然不是一种根本对立的矛盾，但毕竟是犯了错误，需要的就是批评而不是褒奖。如果批评时语言没有分量，嘻嘻哈哈不了了之，就会失去批评的意义，从而使得错误在组织中形成一种不良的影响，得不到有效的控制。应本着惩前毖后的原则，既要维护制度的威严，又不能放弃原则，以免赏罚不明、纪律松弛。

第四，要仔细分析员工犯错误的原因和程度的轻重，给予不同程度的批评，切忌等量齐观，各打五十大板，其结果是让被批评者心里产生一种愤愤不平之感，引出一些不必要的麻烦。应当该轻则轻，不能揪着辫子不放；该重则重，切莫姑息迁就。

总的来说，适度批评就是要实事求是地分析员工的错误，根据不同情况采取适当的批评，做到批评能"适可而止"。

最后，批评贵有情。

管理者的批评实质上就是帮助员工认识错误，并协助其改正错误，因此，诚意和关爱在这种帮助过程中起着极其重要的作用，毕竟人们不需要虚情假意的帮助。

这里说的诚意就是指批评的形式、手段、方法要光明磊落，态度十分诚恳、友好。比如将心比心，不让对方下不了台，不把责任推给别人，不揭老账，诚实做人，体谅员工的难处等等。

爱心就是指批评的目的完全是为爱护员工，提高员工的素质。目的高尚纯洁，"一片冰心在玉壶"，不掺一点儿私心杂念。而这种诚意和爱心正是员工极为重视的，能感受到来自管理者的诚意和关爱，员工也就更为乐意接受批评，进而认真地去认识和改正错误。

因而，管理者在批评时应采取一种诚恳的态度，多从员工的角度去考虑问题，对员工动之以情、晓之以理。不要一味采取粗暴的批评方式，而要客观地评价员工的过错，热心地帮助他们分析错误的原因，以宽容的批评去鼓舞他们勇于面对错误，就会让他们感受到你的批评就是一种关爱，从而激发员工主动承认错误，努力改正错误。

不要轻易否定下属

一个审慎的管理者，决不轻易否定一个下属。当某个下属引起人们的争议时，作为上司，首先要做的是全面了解情况，认真观察，然后根据调查研究得来的资料，作出自己独立的判断。只要经过认真鉴别，认定下属的出发点是好的，效果是可取的，就应该毫不犹豫地大胆使用，任其充分发挥自己的特长。在某种意义上说，敢于力排众议，果断选用有争议的下属，正是精明的领导者显得与众不同的地方。

对于那些立志高远的下属来说，当他认定自己的特色，并有很大的发展潜力时，即使外在因素阻抑他发挥特色，他也会克服重重困难，顽强地发挥自己的能力。在这种情况下，不让他扬其特长也是不可能的。与其违背他的意愿，使他逆境成才，不如投其所好，让他直线发展，顺境成才。只要领导者在这一点上表现出起码的开明、豁达和厚爱，下属必定能释放出惊人的能量。

对有个性的部下，要真诚地对待他们，要直接说出想法，信任他们，委以一定的权限，让他们放手去做。当有事情需要他独当一面时，要放心地把这件事全权委托给他。

这样做有两个好处，一方面会使下属获得自尊的满足，因而能更好地工作；另外，领导者自己的负担也会大大减轻。而且，当这样做取得成功时，以后的合作就会非常融洽。渐渐地，上下级之间就会形成一个良性循环，形成一个牢不可破的坚固堡垒。

为了让下属有积极性和进取心，不但要放手让他做能做的工作，而且要时时地对他的工作进行表扬。当他有错时，也不要当面指责和批评，而是要悄悄地替他改正。

上司不要担心被下属超越。有个性的下属虽然工作卖力，却未必是真正想超过你。即使他真的超过了领导，那也未必是坏事，因为下级能干，也是领导的光彩。

多看优点少看缺点

日常人际交往中我们都有这样的体验：对一个人的某一缺陷很反感的话，对这个人会越看越不顺眼；而对一个人的某些长处心怀敬意的话，无论这个人高矮俊丑，都会越看越顺眼。管理者对于下属也是这样。但是，管理者不能忽略的一个问题是，你使用下属是用他的优点呢还是用他的缺点？答案不言而喻。所以，聪明的管理者会"睁一只眼"看待下属的优点，"闭一只眼"对待下属的缺点。

松下幸之助是善于激励人的管理者。在他手下的部属或员工，大多能以饱满的热情尽其所能地工作，而且好"战将"更是发挥了超一流的水平，似乎好像这些人在松下那里受到了什么魔法一样。

松下真有这样的魔法吗？有！这就是信任和欣赏。

对于部属，松下向来都能予以充分的信任和肯定。这些，无论是对积极性、责任心和潜能的调动，都有相当的益处。

任何人都有优点、缺点。但比例如何，除了客观的标准外，更重要的是观察者的角度。有人专看阴影，见到的自然是倒四六乃至倒三七，缺点多于优点；有些在阳光下看人，见到的是正四六乃至正三七，优点多于缺点。松下就是后一种人，他以为他的部属和员工最起码都是有七分优点、三分缺点的。这不仅显示了上司的善良和宽宏，同时也是一种高明的领导方法。

管理者或其他层次的经营管理干部，绝不可以炫耀自己的才能和智慧，但却要欣赏别人的才能和智慧。自我炫耀，足以办错事情，导致失败；欣赏别人，足以激发才智，提高效率。相对而言，要挑剔自己的不足和毛病，时时反省，却不宜挑剔别人的毛病，横加指责。自我挑剔，足以精益求精，更上一层楼；挑剔别人，足以打击才智，扼杀效率。

对于管理者的欣赏而不是挑剔，松下有精彩的论述：

"身为管理者，如果总觉得员工这也不行，那也不行，用'鸡蛋里挑骨头'的心态来观察部属，不但部属不好做事，久而久之，管理者自己也会发现周围没有一个可用的人了。所以当他想要分派任务时，一定觉得不放心而犹疑不决。

"我们知道，如果一个人动辄得咎，总是挨训，他的情绪一定会大受挫折，信心也在不知不觉中消失殆尽，一旦整个人在精神上萎靡不振之后，就算有高超的智慧、才能，也难以发挥了。所以，管理者如果能以欣赏的眼光来观察部属的优点，员工都将因受人尊重而振奋，对于上司交付的工作，也能愉快地完成。如此不但能发挥惊人的工作效率，甚至还能挖掘出优秀的人才。"

管理大师扬长避短使用和管理下属的做法确实值得每一位管理者思考和借鉴。如此，下属的长处会越来越"长"，短处则会愈来愈"短"。

巧施容短护短之技

在所有的管人、用人谋略中，容短护短是最令人感兴趣的，也是最难掌握分寸的。对于许多脾性古板的管理者来说，让他容忍下属的短处，已经够宽宏大量了，如今还要进一步袒护下属的短处，这不是有点过分了吗？再说，真理和错误往往只一步之遥，在管人实践中，又怎能保证容短护短不出一点偏差呢？

这种担心完全是不必要的。其实，有关容短护短的管人思想，我国历代一些开明的政治家及有识之士，都曾经在各自的论著中提出过。早在春秋时期，就有"赦小过，举贤才"。东汉光武帝刘秀平时对功臣虽然管束很严，但能原谅他们细小的过错。

今天，当我们运用现代管理理论，来对容短护短谋略作出新的阐释时，少数尚未挣脱僵化用人模式束缚的管理者，对它产生一些不必要的疑虑，也是预料之中的事。在设法消除这些疑虑之前，我们不妨首先弄清这一管人谋略的确切含义。

所谓容短护短，就是指在管人行为中，管理者根据管理活动的需要，在管人"伸缩度"允许的范围内，宽厚地容忍下属的短处，甚至适当偏袒下属。从字义上就能看出，我们主张的容短护短，不是无原则的，而是受一定的条件制约的。这一管人谋略，在某些方面，和欲擒故纵谋略有异曲同工之妙。

一般来说，管理者对于下属的短处，应该热情帮助，耐心教育，甚至辅以必要的严厉批评。这一切，无疑都是对的。从理论上说，每个人的短处，都是能够改正和克服的。然而，在现实生活中，我们遇到的情况，就和书本上阐述的有点不一样了。许多有经验的管理者都认为，下属的短处（弱点）一旦形成，就很难改变。美国管理学家杜拉克在《有效的管理者》一书中曾经说过："须知任何人均必有许多弱点，而弱点几乎是不可能改变的。"

充分正视人的短处的相对稳定性，主张通过充分发挥下属的长处，同时，适当容忍甚至袒护下属的短处，可以极大地激发人才的积极性和创造性。这样做，当然不是绝对放弃对下属的严厉批评，而是竭力挣脱传统的思维定势和行为定势的束缚，寻求更加灵活巧妙的管人艺术。

值得指出的是，容短护短所指的短处，是被赋予特定的含义的，它通常专指以下两类缺陷：

第一，人的内在素质中的一般性弱点和不足（不包括性质恶劣的道德品质问题）；

第二，人在前进过程中偶犯的过失，诸如探索中的跌跤、改革中的失误、工作中的合理错误（不包括屡犯的错误）。

那么，管理者处于怎样的情况下，方可对下属进行容短护短呢？在这里，着重阐述以下四点：

一是严格掌握容短护短的临界线。

管理者容忍下属的短处，甚至偏袒下属的短处，其用意当然不是喜欢或者纵容下属，而是另有所图。在多数情况下，管理者图的是以下几方面的好处：第一，为了更好地发挥和利用下属的长处；第二，赢得人心，进一步密切上下级的关系；第三，极大地提高自己在员工中的声誉，有意将自己塑成宽厚、豁达的管理者的形象；第四，为了实现某个既定的管理目标。因此，在权衡利弊、决定取舍时，管理者必须本着得大于失的行为准则来行事，只有当容短护短这一行为本身不超过某条临界线时，采取容短护短的方法，才是有价值的、可行的。

二是灵活掌握容短护短的度。

在不超越临界线的前提下，管理者在具体运用容短护短谋略时，面临着十分广阔的选择余地。这时候，作为一个精明的管理者，就应该充分利用手中执掌的选择权，灵活掌握容短护短的度，放手大胆地袒护自己的下属。

灵活掌握容短护短的度，是在合理的选择圈内进行的，它利用的是人们的认识伸缩度和行为伸缩度，而不是人们的认识误差和行为误差。管理者在具体运用容短护短谋略时，应该充分注意这一点。否则，就会步入误区，出现重大失误。

三是巧妙选择最有效的容短护短方法。

获取理想的容短护短效果，不仅需要严格掌握临界线，灵活掌握选择度，而且还需要巧妙运用各种最有效的方法，恰到好处地将管理者的用意传递给下属，使下属既能明白管理者为什么要偏袒他，以此极大地激发起他的积极性和创造性，又能使下属在不感到难堪的情况下愿意接受管理者对他的偏袒，从而最大限度地保护下属的自尊心和自爱心。

四是认真看清、选准最有袒护价值的下属。

不看对象盲目护短，乱发慈悲，是管人的大忌。容短护短，与严格要求、奖惩分明，是管理者实行有效管理的两手。只有你认定某下属确有袒护价值时，再去偏袒这个下属。

总之，容短护短的学问，深奥莫测；容短护短的技法，多种多样。随着现代管理活动面临的情势日趋复杂，被护对象的自主意识日趋强烈，各级管理者更应该结合自己的管人实践，细心琢磨，不断探索，尽力掌握高超的护短本领和灵活的艺术，最大限度地调动下属的积极性和创造性。

以广阔胸怀善待反对过自己的人

管理者在某一时某一事上遭到下属的反对是再正常不过的事，千万不要小肚鸡肠，记在心里，更不要寻机报复，给人"小鞋"穿。管理者拥有不计前嫌的胸襟，能正确对待反对过自己的人，才算得上一个合格的领导。

能否宽谅曾经反对过自己的人，是能否做到成功用人的一个重要方面。对于现代的管理者来说，要想吸引能人，做到成功用人，就必须要有宽大的胸怀，要具备宽谅反对者的素质。

爱德华·利伯是一个玻璃制造商，拥有一家规模不大的企业——新英格兰玻璃公司。利伯与其他玻璃制造商一样，渴望公司能发展壮大，成为英国玻璃制造业的巨擘。而迈克尔·欧文斯则是其玻璃公司一名普通的工人，同时还是当地颇有声望的工会领导人之一。

在一次罢工运动中，欧文斯鼓动工人反对利伯，要求增加薪水、缩短工时并改善工作条件。这次罢工迫使利伯把公司迁往另一个城市。但利伯在把公司迁走时，不仅没有开除欧文斯，反而把他和少数工人一起带到新厂所在地，并重用欧文斯。

原来，在罢工期间，欧文斯曾代表工会与利伯进行过谈判。在双方唇枪舌剑的交锋中，利伯发现欧文斯不仅血气方刚，敢想敢说，同时还是一个在玻璃生产和技术改进革新方面不可多得的人才。欧文斯除了要求公司改善职工待遇外，还激烈地批评了利伯在生产管理、技术革新等方面存在的问题。利伯认为，欧文斯谙熟制造工艺，并对某些问题有独到见解，因而，他不仅没有因为欧文斯带领工人与自己作对而怀恨在心，反而起了爱才之心。因此，他在搬迁公司时，特意带上了欧文斯。

到了新的地方后，利伯开始注重发挥欧文斯的才干，他不计前嫌的宽宏大度使欧文斯深受感动，他们开始了真诚的合作。3个月后，欧文斯向利伯提出了一连串的建议，被利伯全部采纳，根据这些建议制定的措施使公司大受裨益。利伯也因此更赏识欧文斯，委任他担任了部门的监工。两年后，再次提升他担任公司业务部门主管。

就这样，两个曾经在谈判桌上针锋相对的对手，变成了一对亲密无间的合作伙伴。此后，利伯一直不遗余力地在各方面支持欧文斯对玻璃制造工艺的改进。而欧文斯也不负厚望，他一次又一次成功的技术革新，使利伯的公司成为闻名全球的大型企业。

由此可见，一个管理者是否具有不计前嫌的胸襟，直接关系到他能否纳才、聚才和用才，而且也关系着企业的发展前途。因此，一个优秀的管理者对于有才华的反对者应以宽广的胸怀和大度的气量主动去接近、团结并起用他们，让他们感受到你的爱才之心和容才之量，从而使他们改变对你的态度，并愿意为你所用。同时，也让你更富有吸引别的优秀人才加盟的个人魅力。可以说，这种做法才是至高境界的藏心术。

巧妙利用下属的缺点

用人要用其所长，这是人所共知的管理秘诀，做到这一点已属难得，但还有一种更高明的管理手段，就是巧妙利用下属的缺点，让缺点和短处也能发光发热。

美国柯达公司在生产照相感光材料时，需要工人在没有光线的暗室里操作，因此培训一名熟练工人需要花很多时间。但公司发现，盲人可以在暗室里活动自如，只要稍加培训就能上岗，而且他们的活儿要比正常健康人精细多了。柯达公司从此以后就大量招用盲人从事感光材料的制作。

对于短处，许多人的态度只是"容忍"，而不是去利用。是"容忍"还是"利用"，其结果是截然不同的。

下面这个故事发生在一家单位。

一位会计，他做的账经常出错，后来被安排去做出纳，但发工资时，他又经常会出现不是少给工人钱就是多给工人钱的事。这至少说明他工作不够认真细致。但他有一个优点：交际能力很强。于是，老总把他调到营销部门。呆了一年，他的业绩斐然。这件事在单位里传为美谈，员工们认为老总是慧眼识珠，把一块石头变成了金子。一年后，单位急需购进一批棉纱，他也甚是了得，马上把需要的棉纱组织到了，解决了单位的燃眉之急。但那些棉纱却是"以次充好"的，让公司损失了300多万元。他急忙找供销商，而供销商早已携款逃跑了。这其实就是在他的"短处"上结出的恶果。

另一个故事则发生在深圳一家涂料公司。公司对全体员工进行了性格测评，但公司不是根据优点来安排工作，而是按每个人的短处来安排工作。譬如让爱吹毛求疵的人当质检员，让争强好胜的人去抓生产，让好出风头的人去搞市场公关，让斤斤计较的人去管仓库等等。

对员工的短处仅仅"容忍"还不够。最明智的办法是利用"短处"，这样才有可能最大限度地减少危害，"用人之短"，有时也可以保证人尽其才。

不要轻易接受下属踢回给你的任务

有些员工在得到管理者的命令时不是积极执行，而是设法推托踢回给管理者。这些员工踢回任务有多种多样的手段，他们可能说："你负责……怎么样？"可能也会这样说："我想，如果由你，而不是我这个小兵去联系，对方可能会更加满意。"这是比较隐蔽的踢回皮球的做法。

第05章
找到制度化与人性化的结合点

也可能有人这么说:"我正在和负责招待的那帮人闹别扭,他们不回我的电话,你是否可以打个电话,给他们一点颜色?"也会有人说:"看来我是联系不上对方公司有一定地位的官员的。恐怕他们只会派个打工的过来,而不会派能拍板的头目。这只会浪费我们的时间。"这位员工踢回任务的本领已是炉火纯青了,根本不以请求的形式表达。他希望看到你跳起来说:"好吧,我来打个电话,我相信一定能把要请的人请到的。"这样你就自觉自愿地接受了下属分派给你的任务。

一位经理这样对员工说:"马丽,我们得安排一下下个月与A公司的会议了。要安排好会议地点以及伙食,还要通知公司里的人员,并且与联合货运公司联系。另外,还可能会有很多没想到的事要由你去做。怎么样?"

马丽说:"没问题,你负责与货运公司联系,通知有关人员,我来安排会议设施和伙食,你看这样做如何呢?"

经理同意了:"听起来蛮不错,我们下周再碰头,看一看进展情况。"

很遗憾,这位经理同意了。当然,在完全有必要由你来做联系工作时你应当同意,因为下级人员可能无法得到对方恰当的回复。但是接受下属踢回的任务是不可取的,你一个人不可能完成分配给你这个部门的所有任务。

如果你接受了下属踢回的任务,你就没有充分利用人力完成更多的工作的能力了。部门所能完成的工作量受制于你自己所能完成的工作量。而且你在接受下属踢回的任务的同时,也将决策权让给了下属。适当下放决策权并不是坏事,有的员工会特别擅长某些工作,由他们作这方面的决策会事半功倍。但是如果你接受下属踢回的任务,实际上便颠倒了决策结构——你的下属成了你的上司,而你却成了下属。

面对下属踢回给你的任务,简单的应对方法是礼貌而坚决地拒绝,平静地把下属踢回的任务交还给员工,即使你觉察到了隐蔽的请求,也要向他们说明你真的需要他来做这些工作。你要能明辨推卸任务与真心的求援，可以替下属找到解决问题的方法，或提议让另一个员工来帮助他，但一定要回绝推卸任务的企图。如果让员工经常得到成功地完成完整的项目的机会，他们就不太会推卸了。

不要轻易接受下属踢回的任务，否则会使得员工养成推卸责任的坏习惯，解决这一问题的简单方法是坚决明了而又不失礼貌地委婉拒绝。

具体问题具体分析，公正处理下属的矛盾

公司员工之间的冲突或纠纷，经常令企业的管理者感到棘手难办。员工因为自己受到了或者认为自己受了不公平的待遇，就会引发员工之间的个人矛盾、利益纠纷以及员工与上司之间的冲突等等，此类问题时常会摆到管理者面前。

聪明的管理者处理此类问题的简单方法是尽量让自己的下属明白，遇到此类问题首先应该自己努力解决，因为他们大家都是成年人，没有必要事事都要经过上司。即使希望管理者出面解决，也要通过相应的程序，双方也应有解决问题的诚意，不能只为出气而来。

如果是员工之间的个人矛盾需要管理者解决时，可以让他们各自发泄一下，你尽可能充当一种"和事佬"的角色。而对于同级员工之间的争执，通常比较容易排解。依据事实情理，不偏不倚，解释自己的理由，表明自己的态度就可以了。

而对于不同级别的员工之间的纠纷，就有点伤脑筋了。如果交由你来解决，简单点来讲可以让级别低的员工占理，但也要有一定的灵活性。为了公司的团结，你应让级别高的下属独断其事。这样可以使这些人在争得面子后开始意识到自己的错误。由于你维护了他们的威信，他们更加小心而积极地工作，甚至会承认自己曾经的错误并自动纠正。

第05章
找到制度化与人性化的结合点

当下属因为工作而引起激烈的言语冲突时,佯装毫不知情的上司似乎为数不少。下属双方互不相让,几乎演变成扭打的局面,就会有假装不知情的上司让人误以为他耳聋了。

这样的上司,在此时会专注于不太重要的文件上,企图以不注意的姿态蒙混过去,或者他会假装在打电话,使人误以为他的注意力正集中在别处。也很少会有争吵的当事者请上司过来评理,因为他们认为这么做就表示自己理亏,会被对方轻视。而这正好符合了胆怯的上司的心意。因此上司才故意表现得很忙碌,并且视而不见、充耳不闻地企图欺蒙众人。

上述情形你应该如何处理呢?此时最简单的应对策略是让双方继续争执,当你感到这个争论似乎无法停止时,即使没有人要求,你也必须亲自前往了解情况。

首先,你必须耐心听完双方的发言;之后,再陈述自己的意见并下结论。按理说,你应当采取斥责双方的方式。假设A和B两位下属争吵,A较强而B较弱,此时你应告诫A而劝诫B。实际上并非皆能如此容易解决,整件事情除了经过的原委之外,亦涉及到公司内其他员工的关系。

例如,虽然A较有理,但是他太骄傲,树敌太多。你应经常关注B,然而B却不长进。诸如此类复杂的因素常会纠结在一起。

如果你的态度暧昧,则会使A与B的争论永无休止。因此,即使为难也必须先批评下属:"我听了你们的意见,但是你们也不应该如此大声叫嚷。"然后再表明自己的心意:"我尽量想办法解决。"

如果你能够以下面的形式做结论,就大功告成了。"有关此项计划的对策战略让A做,而公司内的成员的意见的统合则由B负责。希望你们尽快完成自己的任务。"

然而,实际情况却并非都能如此顺利。或许会有一方觉得不满,甚至在双方的内心皆会结下疙瘩。即使想顾全双方的颜面,也必须要有限度。

明知下属内心不满，你应敢于闭起眼睛下结论。

你的裁决有时会动摇你在公司的地位。或许有时可以采取沉默不语、什么也不管的态度会比较安全，然而如此一来你的头衔又代表着什么？

如果因为下属双方的争执你得出面斥责一方时，可能将因此而失去下属的向心力，但你不要害怕损失而不做任何处理。因为，有朝一日这或许能够成为你的一项宝贵财富。

如果组员之间的争吵相当频繁，则必须考虑重新分配任务。你需要再次检讨每个成员所负责的工作性质是否适当，有没有不自然或者太过勉强？若不是明显的角色分配不均，你就必须多制造与大家共同商讨的机会，并努力化解组员们心中的结。

如果你的组内成员能够达成共识："我们这个团体拥有共同的目标，我们一致为追求共同的利益而努力。"相信大家必能调整彼此的步调。除非是一个相当特立独行的人，否则成员大都会衷心期待自己所属的团体能够成功。

你必须努力使每位成员皆能发挥出一技之长。正因为团体中有着各式各样的人，我们才能期待它的成长。若从这方面的意义而言，适当争吵的活泼气氛未尝不是个好现象。

当下属之间的争吵相当激烈时，而你又能持保留的态度称"这个问题让我考虑看看"，这样也能达到良好的效果。

你需要花费一些时间来思考解决的方案，之后再召集当事者共同讨论前些时候发生的事情，如此下属便能做自我反省了。虽然在争吵时双方都很情绪化，可一旦冷静下来，便会觉得那也不是件需要争得如此面红耳赤的事情。时间具有缓和人类情绪的特殊作用，这一点你必须善加利用。

作为管理者，记住一定要做一个公正的裁判，不要试图改变哪一个人，这样对其并不公平。

第 06 章

大力奖赏按制度办事的人

好的制度在于执行

在解放军队伍里,任何命令、条例和法规都能得到很好的执行。解放军的强而有力的执行力是建立在良好的组织制度基础上的,没有制度的支持,执行力便得不到保障。

一切行动听指挥,不仅靠觉悟、靠常识,更要靠制度。没有一个保证能够"一切行动听指挥"的制度,是不可能建立能够执行的体系和文化的。

我国的有些企业组织经常出现无制度而想有制度,当有了制度却又难以执行的怪病,造成企业运转无序,效率低下。其原因就在于领导者不能在制度面前痛下决心,一以贯之,在执行中带有"人情味"。一个有"人情味"的制度,是肯定管不好人,也管不好事的。

执行力是组织文化的核心成分。没有执行力,就没有竞争力!企业管理的最大黑洞是没有执行力,而执行力是一切企业正常运营的"关键"。

东北有家大型国有企业因为经营不善导致破产,后来被日本一家财团收购。厂里的人都在翘首盼望日本人能带来什么先进的管理方法。出乎意料的是,日方只派了几个人来,除了财务、管理、技术等要害部门的高级管理人员换成了日本人外,其他的根本没动。制度没变,人没变,机器设备没变。日方就一个要求:把先前制定的制度坚定不移地执行下去。结果不到一年,企业就扭亏为盈了。在这里,日本人的绝招就是执行力,无条件的执行力。

中国人善于制定制度,却不善于执行制度。再好的制度,如果执行不力,或在执行过程中走了样,都毫无意义。某些规章制度虽长,可如果不执行、不推敲、不研究,长也是白长。一项好的制度没有人去贯彻落实,那么这个好的制度与废纸没有什么区别。即使一部存在缺陷的规章,如果

第06章
大力奖赏按制度办事的人

有人认真地执行,有人不断地发现问题,有人不断地完善,垃圾也会成为宝藏。

企业的本质是领导者按市场需求预设一个目标,然后组织人员对此目标予以坚决的操作实现。更简单地说,企业的本质就是"执行"。显然,在目标——执行——结果这一企业基本流程中,目标的制定是高层在"很久很久以前"就敲定的事;结果的好坏,那也是在一个财政年度或"很久很久以后"才能统计出来的数字;而企业在一年365天的常态下,却是所有员工在自己的岗位上为着企业目标不断奔忙,不断努力完成任务的过程,这才是企业生生不息的原因。所以,一个企业实质上就是一个执行团队。

关于制度的建立与执行的矛盾,在现实中比比皆是。有了好的制度,并不意味着操控了一切,也并不意味着所有人都能管好。在所谓现代企业制度最健全的美国,一些大公司的制度涉及到公司治理及管人的方方面面,甚至包括封装一罐润滑油需要几滴焊蜡都有规定。可管理制度那么完善,经营理念那么先进的美国企业,问题依旧层出不穷,不仅出现了安然事件,还出现了世通丑闻。在我国也有这样一件真实的事情,某家城市商业银行在1997年时,因为内部管理和制度建设相对完善,另一家城市商业银行到该行进行了学习。几年以后,学习经验的银行大踏步地前进,被学习的银行却发展不大。于是被学习的银行也决定到先前向他们学习的银行去考察。可去到那个银行,考察的结果令人大跌眼镜,那家发展得比他们快的银行,采取的内部管理办法和规章制度居然是1997年从他们那里移植过去的。唯一不同的是,他们辛辛苦苦制定的规章制度,自己没有遵照执行;而那家向他们取经的银行,却一一贯彻执行了。

有了好的制度,只是成功的基础,如果在执行中被曲解或执行不力,必定会成为一项空的、无用的制度。况且,由于历史、环境、思维等的局限,一部看似完美的政策在发展过程中难免会出现漏洞,也难免与客观实际脱节。如果没有畅通的渠道反馈意见、没有人对政策的缺陷进行修补，在发展速度一日千里的今天，一部再好的制度也不会对企业起到长期的管理作用的。

制定政策的通常是少数决策阶层的人，执行政策的人却涉及方方面面。制定一部政策，需要广博的知识和严密的思维。可执行一项制度时会遇到什么样的问题，会经历什么样的困难，会遇到什么样的变化……谁都无法预料。

每项政策、每条制度都要由人来制定，更要由人来执行。可见，所有管理，都必须体现以人为本的核心，也只有这样的制度，才能管理好企业，才能管理好企业中的人。

建立有效的薪酬制度

400多年前，英国经济学家格雷欣发现了一个有趣的现象，两种实际价值不同而名义价值相同的货币同时流通时，实际价值较高的货币，即"良币"必然退出流通——它们被收藏、熔化或被输出国外；实际价值较低的货币，即"劣币"则充斥市场。人们把这种现象称之为"格雷欣法则"，亦称之为"劣币驱逐良币规律"。

所有企业在薪酬或人力资源管理方面均可能发生与格雷欣所见类似情形，实际生活中的例子亦屡见不鲜。由于企业在薪酬管理方面没有充分体现"优质优价"原则，高素质员工的绝对量尤其是相对量下降——这一方面表现为对自己薪酬心怀不满的高素质员工另谋高就；另一方面亦表现为企业外高素质人力资源对企业吸纳诉求消极回应，这一般会导致企业低素质员工绝对量尤其是相对量上升——一定数量高素质员工留下的工作岗位需有更多低素质员工填补时尤其是这样。这还只是薪酬管理"格雷欣法则"刚启动时的情形。

我们当然不能将所有高素质员工的流失都归结为"格雷欣法则"惹的祸。有时，高素质员工流失是由于用非所学；有时则由于个人的价值取向与企业主流文化存在难以弥合的差异等等。但确有相当一部分高素质员工的流失，是由于薪酬或人力资源管理"格雷欣法则"的作用。

在薪酬上，一方面人力资源本身千差万别；另一方面薪酬更为丰富多彩。因而，企业在员工的薪酬管理方面的"格雷欣法则"有以下具体表现：

一种是在同一企业，由于旧人事与薪酬制度惯性等，一些低素质员工的薪酬等于甚至超出高素质员工，从而导致低素质员工对高素质员工的"驱逐"。

另一种是在同一企业，由于旧的人事与薪酬制度惯性等，虽然高素质员工的薪酬超出了低素质员工，但与员工对企业的相对价值不成比例。现阶段，这是低素质员工对高素质员工"驱逐"的一般情形。

面对以上两种情况，企业要想遏制"格雷欣法则"需要做到：

一是须有新的薪酬观。对所有企业来说，均须将员工薪酬的提升看作是员工素质提高、企业兴旺发达的重要标志。这是因为，如果处理得当，薪酬提升可以启动员工素质提升与企业效益提高的良性循环。

二是将薪酬调查作为企业薪酬管理的不可忽视的环节。尤其要注重对企业核心员工的薪酬调查。不仅要了解竞争性企业核心员工的薪酬水平，对其他行业核心员工的薪酬水平亦应有较为广泛的了解。

三是判定员工薪酬水平高于或是低于市场观念。将市场薪酬水平作为员工薪酬水平判定的参照数。

四是为员工提供有竞争力的薪酬，使他们一进企业便珍惜这份工作，竭尽全力，把自己的本领都使出来。支付最高工资的企业最能吸引并且留住人才，尤其是那些出类拔萃的员工。这对于行业内的领先企业，尤其必要。

五是重视内在报酬。除了工资、福利、津贴和晋升机会等外在报酬外，还有基于工作任务本身的内在报酬，如对工作的胜任感、成就感、责任感、受重视、有影响力、个人成长和富有价值的贡献等。内在报酬和员工的工作满意度密切相关，对那些知识型员工来说，尤其如此。因此，企业组织可以通过工作制度、员工影响力、人力资源流动政策来执行内在报酬，让员工从工作本身得到最大的满足。

六是收入和技能挂钩。建立个人技能评估制度，以雇员的能力为基础确定其薪酬，工资标准由技能最低到最高划分出不同等级。这种评估制度的最大好处在于，员工会因此较多地关注自身的发展。

人力资源素质是决定企业核心竞争力的关键性因素，企业如能建立一套合理灵活的薪酬体系，那么必能挽留人才、吸引人才，从而使企业发展壮大。

建立有效的绩效评估制度

对管理者而言，对员工进行绩效评估的结果可以作为确定员工薪酬的基础，而且可以作为晋升、调任和解雇的依据。

绩效评估还可以为管理者提供一个审视人才工作行为的机会，可以促使大家摒弃那些低效率行为，帮助人才正视自己以往的工作，找出自己工作中存在的问题。绩效评估同样可以暴露人才存在的优点和缺点，据此可以制定一个切合人才实际的个人职业发展规则。

对人才而言，他们最关注的是绩效评估是否客观公正，因为这直接与薪酬、福利、晋升和能否受到别人尊重密切相关。如果人才认为对他的评价结果不公正，就会陷入不安的情绪，深受挫折，进而抱怨，甚至与领导发生冲突。如果这时还不能与之进行及时深入的沟通，他就会愤而离职。

第 06 章
大力奖赏按制度办事的人

摩托罗拉绩效评估的业绩报告表是参照美国国家质量标准制定的。各下属部门按照这个质量标准，针对具体业务制定自己的工作目标，也作为以后评估的依据。员工的工作目标一个是战略导向目标，包括长远的发展战略和优先考虑的目标；一个是业绩目标，包括员工在财政分析、客户关系、人际关系和合作伙伴之间的一些行为，如员工的管理能力、战略计划、客户关注程度、信息搜集与分析能力、个人培训与发展情况等。摩托罗拉公司一般每3个月就考核检查一次员工工作目标的达成情况。在评估时，人力资源部门会广泛听取意见，包括上司、下属及跨部门同事，尤其是该员工的关键伙伴的意见，进行360度全方位评估，以确保评估的客观公正，避免员工出现不满。

当然评估中也会出现误区。如某名员工业绩一般，但上司比较信任，评估结果很好；另一名员工业绩很好，但加入该团队较晚，上司可能并不信任，评估结果一般。对此，摩托罗拉人力资源部门会对评估结果的前25位与后25位投入更多的关注。如果此人有能力，而其上司不重视，人力资源部门通常会帮他调换工作。如果员工对绩效评估有不公平的感觉，可以拒绝在评估结果上签字。其上司会及时向他了解情况，进行沟通，解决可能存在的一些问题。摩托罗拉公司在年底会根据业绩报告表，确定员工个人薪酬的涨幅。对表现较突出的员工，公司会提供培训发展和晋升机会。

摩托罗拉公司的员工薪酬及晋升虽然与绩效评估是挂钩的，但评估员工却绝不仅仅是为此目的。摩托罗拉公司认为评估员工绩效的目的是：使个人、团队目标和公司的目标密切结合；提高管理层与人才的沟通与对话质量；增强管理层、工作团队和个人在持续发展方面的共同责任；在工作要求和个人能力、兴趣及工作重点之间发展最佳的契合点。

领导班子建立起一种有效的绩效评估至关重要。以绩效为基础安排薪酬、福利、晋升、解雇等，直接关系到人才的去留。绩效评估结果，代表领导班子向每一个人表明管理层真正需要、重视、鼓励的是什么，表明管理层对某个人的工作怎样看待，因此必须确保评估公正客观。

考评要把握好尺度

考评是管理者常用的管理手段，但是，我们考察不同单位的考评情况会发现，类似的考评对象，同样的考评内容和考评形式，有的单位会形成大家努力工作、有序竞争、争取最佳的考评结论的局面，而也有一些单位却是另一番景象：或者对考评过程与结果漠不关心，或者弄虚作假、欺骗上级，工作业绩则依然不见提升。造成这种差别的一个主要问题在于对考评原则的把握尺度上。故而，在对员工进行考评的时候，应确立以下的原则：

1. 明确化、公开化的原则

企业的考评标准、考评程序和考评责任都应当有明确的规定，而且在考评中严格遵守这些规定，同时这些规定应该对员工公开，这样才能令员工对考评产生信任感并接受考评的结果。

2. 客观考评的原则

考评应该在遵守上述规定的同时，以客观事实为考评的准则，避免加入主观性和感情倾向。

3. 直接考评的原则

对员工的考评，都应由被考评者的直接上级进行，因为直接上级最了解被考评人的实际工作表现，更高层的领导不应随便对考评的评语进行修改（除非确实有修正的必要）。

4. 反馈的原则

考评的结果一定要反馈给被考评者，否则就不能达到考评的主要目的，应向被考评者进行解释并提出指导。

5. 差别的原则

考评的等级之间应有明显的差别界限，针对不同考评结果的员工在工资、使用、晋升等方面应体现其差别，使考评带有激励性。

业绩考评是管理的一个导向标，更是管理者实施有效管理的一根指挥棒。但是，如果对考评原则把握失度，该紧不紧、该松不松，就会失去它对于员工的管理作用，这根指挥棒也就成了一根没有任何意义的大头棒子。

信赏必罚是一种重要的统御权谋

古人用兵，先明功罪赏罚。一个"先"字，道明了赏罚的重大意义。《孙子兵法》中开篇就在"五事""七计"中提出"赏罚孰明"的问题，可见孙武对此问题的高度重视。《韩非子·外储说右上》中记载，晋文公问狐偃说，他给士卒和百姓很多好处，如缓刑罚、补不足等，不知能不能使军队勇于作战。狐偃明确地说："不足为战。"晋文公又问："然则何如足以战民乎？"狐偃回答说："信赏必罚，其足以战。"即该赏者一定赏，该罚者一定罚。后来，晋文公依狐偃之言，执法严明，在战场上取得了一个又一个的胜利。"信赏必罚"就出自此处。

信赏必罚，是古今管人者极其重视的一种重要的统御权谋。"若法令不行，赏罚不信，金之不止，鼓之不进，虽有百万何益于用？"（《吴子兵法·治兵第三》）吴子把"信赏必罚"看作对敌作战、欲求制胜首要条件之一，"进有重赏，退有重刑，行之以信。军能达此，胜之主也。"（《吴子兵法·治兵第三》）《三略·上略》中说："将无还令，赏罚必信。如天如地，乃可御人。"《六韬·文韬·赏罚》云："凡用赏者贵信，用罚者贵必。""当赏不赏，是为沮善；当罚不罚，是为养奸。"就是说，该赏的坚决赏，该罚的必须罚。既已制定并公布了军法军令，该执行的就必须贯彻执行，决不能法而不信，令而不行。如果有一次不严行赏罚，失信于全军，则一切军法军令都难于继续执行。诸葛亮第一次出兵祁山失败后，不仅挥泪斩了失街亭的马谡，重赏有功的王平，而且还引咎自责，上疏刘禅请自贬三等。这是"信赏必罚"的典型例证，也是蜀军战斗力的重要源泉。正如《三国志》中所说，诸葛亮对"尽忠益时者，虽仇必赏；犯法怠慢者，虽亲必罚……终于邦域之内，咸畏而爱之，刑政虽峻而无怨者，以其用心平而劝戒明也。"（《三国志·蜀志》卷5第21页）所以，诸葛亮死后，连受过他惩治的人也悲痛涕零。

"信赏必罚"作为一种统御权谋，应有一定的"度"。"刑多而赏少则无刑，赏多而刑少则无赏。刑过则无善，赏过则多奸。"（《神机制敌太白阴经》卷二）掌握好赏罚的标准，才能运用好赏罚两种手段治军、治国。

赏和罚这两个手段是相辅相成的。二者不但要分明，还要行之及时。

《司马法·天子之义第二》云："赏不逾时，欲民速得为善之利也；罚不迁列，欲民速睹为不善之害也。"孙膑甚至要求："赏不逾日，罚不还面。"这似乎太绝对，但赏罚的目的是鞭策警示他人，时过境迁就失去了作用。

一个组织有铁的纪律，才能令行禁止，有战斗力。所谓"兵当先严纪律，设谋制胜在后"，就是这个意思。在我国历史上，宋代的岳家军、明代的戚家军，都是由于赏罚严明，才不畏强敌勇敢善战的。戚继光从自己的治军经验中提出，赏罚要合乎情理。情理者，众人之心声也。就是说，要奖励的人必须是群众所喜爱、佩服的，要惩罚的人也必须是群众所痛恨、厌恶的；善恶分清，功过分清，才能赏罚严明；或赏或罚，都需要先把道理讲清，使大家知道受赏受罚的原因，就会使众人真正受到教育而不会产生怨恨之心。

纪律应该是无私的。罚不避亲，刑不畏贵，法才有权威性，令才有号召力。在我国战争史上，流传着许多执法严明的佳话，孙武演兵斩美姬，

第06章
大力奖赏按制度办事的人

司马穰苴辕门立表斩庄贾，周亚夫细柳行军令，曹操割发自刑，孔明挥泪斩马谡等等，都是值得后人学习的。

做管理工作，可以说，很大程度上就是做人的工作。一个单位，一个部门，大家的积极性调动起来了，工作就容易达到好的效果。目前，在人的思想觉悟程度参差不齐的情况下，施赏罚是调动人的积极性的重要手段之一。要使赏罚发挥应有的作用和效果，必须像古人那样，不但做到赏罚分明、适度、有信，而且要做到赏罚及时，以取信于下属。对下属的赏罚及时兑现，不但使受赏者及时得到鼓舞，受罚者得到惩戒，而且可以在本单位、本部门弘扬正气，刹住邪气，形成团结向上的良好氛围。

信赏必罚不仅是一种重要的统御权谋，也是管理领域中最基本的原则。不能做到这一点，就没有资格管人，更别说成为一个高明的管人者了。

量身订做一套合适的奖惩制度

制度是组织成员行为能够全体一致的前提，也是奖惩真正地做到分明的基础。实际上，任何组织都一样。要使组织成员能够具有统一的行为，管理者首先需要做的工作就是"建章立制"、确定游戏规则的工作。所以，一个明智清醒的管理者，在组织建设上都把很大精力放到规则的制定上。

现在市场上流行的很多建立奖惩制度的理论，就如同大街上的衣服一样大都是"工业化"的产物。从商场买来的衣服没有特别合身的，只有差不多的。然而我们在制定奖惩制度时不能差不多就行，而应该像订做衣服一样要根据公司的实际情况逐步建立适合自身的一套制度。

由于奖惩制度设计涉及多种因素，如生产力，科学技术发展程度，企业"产出"（即产品、服务）的生产技术特点及数量，企业的服务对象

（顾客）的特点和数量，使设计本身具有很大的难度。不同的设计原则及用意会产生不同的制度，而不同的组织制度具有不同的影响作用，并适用于不同情况。所以管理者在设计企业的奖惩制度时，应从适合自己情况系统考虑，切忌未加考虑就随意引用他人的方式。

那么，管理者应当如何设计自己公司的奖惩制度呢？正如上文所言，"工业化"的制度不一定适合所有的组织，我们只能提供如下几条可以遵循的基本原则，只要遵循这些原则，制定一套适合自己组织的奖惩制度并不是很难的事。

1. 制度不是孤立的

任何奖惩机制都不是孤立存在的，它存在于企业文化这个大范畴之内。任何企业，在设计奖惩机制之前，都应该事先明白企业文化的系统结构，然后再分部分、分层次地来完成具体事物的有关制度，做完这些之后进行试验、试运行，经过一定时间的磨合和执行，在奖惩的力度、尺度等各方面互不矛盾，再正式颁布实施。

2. 制度高于一切

一方面，制度的颁布者和批准者必须是被授权的人，或者说他必须有权发布规章制度。有些管理者常常随口说出一些规定和制度，这样做既不严密，也不科学，而且极大地破坏了奖惩机制的权威性。另一方面，一旦制度正式颁布，那就应该坚定地执行下去。如果对违反者采取不理会、不惩罚的态度，那就是对制度的藐视和破坏。如果有章不循或者执行不严，那制度只能算是一纸空文。

3. 执行制度要公平

制度都具有"无例外原则"。有员工违反而不受惩罚，是对其他成员的不平等和不公正，也显示出制度本身的苍白无力和虚伪性。在规章制度面前人人平等。管理者对制度必须带头遵守，尤其涉及亲朋好友时，更需要管理者坚定地维护制度的公平性。

4. 制度的可行性

任何条文都必须是可以执行的，不能执行的条文和规定必须立即废止。因为它在实际情况中因不能执行会破坏制度的权威性。另一方面，制度应该使每位员工在执行过程中体会到一种力度，即都要付出努力。

5. 制度应该具体

一个规章制度如果过于抽象、笼统，缺少具体的条文和实施细则，那么它将难以执行。一些企业的制度无法落实的教训之一，正是因为许多制度是包罗万象的抽象性规定，尽管内容丰富，覆盖面广，精神主旨正确，但一接触许多具体问题时，则难以对号入座。例如，有的企业管理部门规定上班时间"要严肃"，这就过于抽象，不容易具体实施。现实基层工作是具体的，需要有一些具体的条例和实施细则。例如，规定"几不准"问题，只原则上规定不准做什么是远远不够的，这种制度即使有人违背了，也不能及时严肃追究。因此，必须明确规定由谁来监督执行，违反了制度由谁去惩处，以及处理的具体程序。

6. 制度的弹性原则

规章制度都应有一定的精确度，在精确度允许的范围之内称之为弹性。因为不存在任何一种规定可以精确地限定每一种事物，所以，规章制度的弹性原则是必要的。但是，这种弹性又必须是有限的，是积极的。制度的弹性不能过大，要明确制度上量的尺度和质的依据，使之容易具体操作，避免执行时的走样和变形，避免执行过程中的随意性。但制度的弹性也不能过小，那样会造成制度的过于死板和苛刻。我们把握好这一原则，不是留一手，而是多准备一手，是为了增加解决问题的可能性。

奖惩制度设计得好坏，是关系到你能否有效管理下属的重要前提。只有让奖惩"有法可依，有法必依"，才能成为刺激下属工作热情的法宝。不要可惜你精心设计制度的时间，要知道，一套完美的奖惩制度所带来的，要远远高于你用这段时间做其他事的收益。

建立"热炉"一般的惩处法则

只要触摸热炉就会被烧伤,这就是管理界中著名的惩处法则——"热炉规则",是因触摸热炉与实行训导之间有许多相似之处而得名。在下属犯错时,它提供了很好的处理模式。

每个人都会犯错,而对错误的改正以及每个人的进步和成长,都离不开别人的劝诫。热炉规则能指导管理者有效地训导员工,这二者相似之处在于:首先,当你触摸热炉时,你得到即时的反应,瞬间感受到灼痛,使大脑逐渐养成一种习惯。其次,你得到了充分的警告,构成警示,使你知道一旦接触热炉会发生什么问题。再次,其结果具有一致性。每一次接触热炉,都会得到同样的结果——被烫伤。同样,你也会为自己的错误付出惨重的代价。最后,其结果不针对某个具体人。无论你是谁,只要接触热炉,都会被烫伤。这说明制度面前人人平等。"热炉"法则在运用中有很多的引申,企业的惩处机制,是很受管理界关注的。

某企业,一位女员工由于本人的疏忽,给公司造成了损失。按规定应该惩罚,但管理人员战战兢兢,不敢决断,因为那位女员工是经理的妻子。在中国文化中,人情重于原则,主管人员觉得实在难以拿经理妻子"开刀"。但如果不处罚,别的员工会不服,他们会觉得这种铁面无私的规章是摆门面的,如果真的实施起来,会得罪人的。在人情与原则的冲突中,主管把情况汇报给经理,没想到经理对他汇报这件事感到很惊讶:"这么简单的一件事,你直接按规章办不就可以了吗?不用请示我了。"主管如释重负地走出了经理办公室。

火炉是不讲情面的,谁碰它,就烫谁,一视同仁,对谁都一样,对谁都不讲私人感情,所以它能真正做到对事不对人。当然,人毕竟不是火炉,不可能在感情上和所有人都等距离。不过,作为管理者,要公正,就必须做到根据规章制度而不是根据个人感情、个人意识和人情关系来行使手中的奖罚大权。

由此，通过热炉效应带来的启示，我们可以提炼出训导下属的以下三点核心原则：

1. 事先警告

作为管理者，在进行正式的训导活动之前有义务事先给予警告。也就是说，必须首先让下属了解到组织的规章制度并接受组织的行为准则。如果下属明确了哪些行为会招致惩罚，并且知道会有什么样的惩罚时，他们才可能认为训导是公正的。

2. 行使权力的一致性

公平地对待下属，要求训导活动具有一致性。

3. 对事不对人

热炉规则的最后一项是应使训导不针对个人。处罚应该与特定的过错相联系，而不应与违犯者的人格特征联系在一起。

当然，如果管理者训导下属，要确保这种错误是因为下属自己的原因；如果是不可抗拒的因素，领导的训斥反而会起反作用。因此，训导要针对下属可以改善的行为。比如，如果一个下属忘了上闹钟，所以迟到了，你就可以批评他；但迟到的原因若是因为上班坐的地铁突然停电，他在地下被困了半个小时，这时批评他反而会让他认为公司没有"人情味"。因此面对这种情况时，领导"大度"一点反而更好，这也是符合人本化管理的。

建立一个高效的激励系统

在管理者的日常管理中，普通员工占大多数，他们同管理者一样肩负着重任。如果没有他们的辛勤工作，企业就不可能兴旺发展。调动他们的工作积极性可以说是管理工作的重中之重。

然而，在这些员工与管理者之间却存在着很深的隔阂。员工认为自己的工作吃力不讨好、单调乏味、毫无前途，自己又何必卖力干呢。而在上级眼里，这些员工的技能低、流失率高、职业道德差，所以根本不值得花精力培养他们。

1. 员工中普遍存在的消极行为

（1）未能达到最低的工作要求；

（2）对别人和自己缺乏尊重；

（3）不能界定自己的职责；

（4）合作精神差；

（5）沟通水平低；

（6）行为情绪化；

（7）对工作的承诺较低。

许多管理者和培训师最经常提到的一句话是"他们缺乏职业道德"。但是实际上并非如此，大多数普通员工非常渴望在工作中有所建树，并且希望其工作表现能有助于个人发展。虽然大家都表示希望通过工作来改善生活和发展事业，但受访人群却认为，就现有的工作而言，即便做得再好也是徒劳无益。

2. 产生消极行为的原因

是什么原因使这些普通员工放弃自己的目标、工作表现较差甚至不达标呢？调查结果显示，原因大致有以下七种：

（1）同事偷懒不出力；

（2）上司压制；

（3）不敢胜过同事；

（4）员工流失率高；

（5）同事间缺乏相互尊重；

（6）缺乏上司的赏识；

（7）缺乏自我控制。

那么，管理者怎样才能将员工内心的想法转化为工作动力呢？强化工作动机就可以诱发员工的工作热情与努力，改善工作绩效。这里要强调的是管理者所做的一切努力只是一个诱发的过程，能真正激励员工的还是他们自己。

要冲破员工们内心深处这道反锁的门，你就必须要好好地谋划一番，为激励建立一个高效的系统。

1. 有效性的标志

一个有效激励系统至少要符合下列原则：

（1）简明。激励系统的规则必须简明扼要，且容易被解释、理解和把握。

（2）具体。仅仅说"多一点"或者说"别出事故"是根本不够的，员工们需要准确地知道到底希望他们做什么。

（3）可以实现。每一个员工都应该有一个合理的机会去赢得某些他们希望得到的东西。

（4）可估量。可估量的目标是制定激励计划的基础，如果具体的成就不能与所花费用联系起来，计划资金就会白白浪费。

2. 步骤与要旨

一个高效激励系统的建立，会为管理人员省下大量的时间。你再也用不着为员工低效率的工作而担心，也用不着费神向他们解释何谓"主人翁"。因为每个人心中都有一面明镜，成绩是铁的事实，耕耘必有收获。一个有效的激励系统的建立过程大致分为如下步骤：

（1）制定高的工作绩效标准。

平庸的人所定的标准是很难产生卓越的成就的，低标准往往会滋生出"自我满足"的不良倾向，高标准也并不意味着高不可攀，主要是要让所有的员工明白目前的工作不是最优秀的，没有什么了不起。

（2）建立准确、可行的工作绩效评价系统。

工作绩效的评价，必须着重于工作规范与工作成果的评价标准。标准的制定一定要符合实际，依据工作目标对员工进行审核。同时这种标准一定是针对团队而非特定为某个人订立的。当工作策略有变更时，注意要重新检查、核对绩效评价标准，而且，只要有必要，就必须一一再作检查、核对。

（3）训练对工作绩效的评价技巧以及与各级管理者上情下达的沟通艺术。

绩效评价的效果是如何直接与员工的薪金、报酬挂钩的，这是个非常敏感的问题，所以你必须要注意这里的艺术与技巧。管理者的行为举止的最终目标在于激励，而非激怒，所以绩效评价也应该是往积极的方向努力。对于优秀的工作绩效，除了对员工进行赞美、褒奖之外，更关键的是让他明白组织对他的重视与珍惜，从而使他产生一种神圣的使命感。对于低的工作绩效，必须给予批评，但必须是善意的、建设性的，是就工作而言，而非人身攻击。

（4）制定一个范围较宽的提高工作绩效的指标。

这样做会使激励系统更具有可行性。这些指标将会使所有的人立刻意识到存在的不足与改进的方向，学会自我绩效的管理。

（5）将奖励与工作绩效紧密相联。

这里的要点是紧密，管理者要使员工们深切体会到两者关系的密切。对员工绩效的评价最终都应在奖励上找到对应的坐标，哪怕奖励是微不足道的，也要"始终不渝"地进行。因为这样做，会使员工们认识到确实有什么东西值得自己去努力一番。

管理者可以根据需要，按步骤建立起符合本企业的高效的激励系统。

第06章
大力奖赏按制度办事的人

多一点奖赏，少一些惩罚

虽然我们强调赏罚分明，但这并不是说赏和罚必须一样多。毕竟，奖赏和惩罚自身并非目的。受奖赏者，励其用命之忠，使之感恩戴德，更加效力于己；受惩罚者，责其背义之行，用以警示部下深思。

奖赏是正面的激励手段，即对某种行为给予肯定，使之得到巩固和保持。而惩罚则属于反面激励，即对某种行为给予否定，使之逐渐减退。这一正一反都是管人不可或缺的重要手段。

管理者在运用奖赏与惩罚手段时，必须掌握两者不同的特点。一般说来，正面强化立足于正向引导，使人自觉地去行动，优越性更多些，应该多用。而反面强化，由于是通过威胁恐吓方式进行的，容易造成对立情绪，故要慎用，将其作为一种补充手段。

因为，对员工进行处罚时，他们首先想到的不是对其表现的反省，而是对自身利益受损的恐惧和戒备。企业靠组织目标与个体目标的趋同一致来吸引员工，更多情况下，需要一个积极的氛围来促使人们协作，实现目标。在这个过程中，以正面激励（奖励、表扬）回应理想的绩效表现的效果，远胜于以负面激励（批评、处罚）来回应不理想的绩效表现。

心理学的测试结果表明，任何人只要头脑正常，都不想看到自己的工作一团糟。但为什么许多员工在刚进入公司时都表现得非常积极，工作十分卖力，一段时间过后就会消极、散漫、拖拖拉拉呢？最主要的原因是我们在管理过程中对"人性"的把握还不到位。做管理就是研究人，即对"人性"的分析、了解、引导、奖赏等，最终达到有效管理的目的。

每一位员工，他们的成长环境、年龄、文化程度、宗教信仰、气质及性格类型都不同，导致想法及做事方法都会具有一定差异。所以作为管理者，不能对工作不积极的员工一罚了事，而要不断地观察和沟通，了解、认知自己的员工，对症下药，只有知道员工心里所想的，才能知道用什么样的方式来刺激他们努力工作。

人所有行动力的根源都可以归结为一点，即追求快乐与逃离痛苦。员工不努力工作，往往是因为你还没有让他们更直接地感受到努力工作会有什么快乐，他们不知道为何而努力工作。而且也许你目前给他们造成的印象恰恰是——努力工作没什么快乐，至少不够多。因此在管理过程中，经常采用"多一点奖赏，少一些惩罚"的原则，从而让员工在工作过程中产生一定的"快乐"，提升员工的积极性。

因此，管理者在管理员工的实践中，对于正面和反面的驭人要有主有辅，有重有轻，不可同等对待，平分秋色。一般来说，正面激励的次数宜多，反面激励的次数宜少；正面激励的气氛宜浓，反面激励的气氛宜淡；正面激励的场合宜大，反面激励的场合宜小；正面激励宜公开进行，反面激励宜个别进行；在制定奖励和惩罚条例时，要考虑到人们的期望值和承受力。

以正面激励为主、反面激励为辅的激励策略，可以延续组织目标与个体目标的方向一致性，为企业绩效管理工程的推行、为实现组织的发展目标提供强大的支持。

当然，这并不是说，在管人时只正面激励不反面激励。根据强化原理，对需要改进工作的下属，进行适当的"鞭策"还是非常有必要的。但鞭策应注意适度，只要认为他仍有通过改进达到要求的可能，适度的轻责，可以减低或避免因重罚而带来的负面影响。

给员工一些意想不到的奖励

数学中有等差数列，如2，7，12，17，（ ），括号里的数字，多数人一眼就能看出应是22，这种事物的内在必然性联系规律并不会给人多少刺激和新奇感。这正如奖励，事先约定的丰厚奖励虽然可以让员工努力

第 06 章
大力奖赏按制度办事的人

去争取,但在目标日益临近的时候,可能会让员工失去激情。视奖励为应得的心态不会让人对某项奖励终生难忘。而没有规则可循的奖金却能让人喜出望外,它可以用来酬谢员工特别的成就或特殊的努力,也可以在一些重要的节日或重要的活动中调动气氛。期待意外奖励的心情和得到意外收获的感受都会让员工铭刻心灵。

给员工意外的奖励会使管人的效果锦上添花。得到一份意想不到的奖励,会使员工格外地兴奋,因为他们感到自己得到了领导的重视,这种非同寻常的重视会给他留下刻骨铭心的回忆,使他终生难忘。以这种方法激励员工,屡试不爽。

玫琳·凯化妆品公司的创始人玫琳·凯喜欢采取给当事人一个意外惊喜的办法奖励员工。不少推销指导员都因此受惠,其中一位推销指导员获得的一份大理石纪念品上刻有这样一段文字:"你们愿意别人怎样对待自己,你们也应该怎样去对待别人。"

美国密歇根州公司的一位员工在度假回来后,惊喜地发现了公司给他的奖励——装修一新的厨房。

一些知名企业,都通过给优秀员工一份意想不到的奖励,激发员工的工作热情、创造性和革新精神,因而大大提高了工作的绩效。对于那些为企业作出突出贡献的人,给予一定的特殊奖励,这样既可以使荣誉获得者经常以这种荣誉鞭策自己,又可以为其他人树立学习的榜样和奋斗的目标,因而具有很强的感召力和影响力,使企业具有凝聚力、向心力。

从天而降的奖赏可以有各种形式——荣誉证书、奖金、假期、培训、小礼品。奖赏的内容和时机同样重要,员工情绪低落的时候,加班,节假日,项目取得了突发进展,员工的重要纪念日(如员工进入公司10周年纪念,员工的生日等),公司的成立周年纪念,公司上市等都可以成为意外惊喜的好时机。

所有有责任心和感恩情结的员工都会明白管理者的热切。员工觉得自己很受重视，会更努力工作；顾客因员工的优良服务而提高忠诚度，公司业务得到发展；而管理者则获得了员工的敬意和员工的好感。

偶然的奖励是调节紧张而单调工作的良方，当员工为意外奖励而兴奋、唏嘘的时候，他们的疲惫和麻木的神经得到了放松，工作效果自然提升了。

善于把发奖金的激励手段用活

一般而言，奖金对员工来说始终是比较有诱惑力的，其激励作用不必赘述。如果管理者能够在发奖金时，再加入一些技巧，其激励效果就耐人寻味和持久了。

奖励可分明奖及暗奖。很多企业大多实行明奖，大家评奖，当众评奖。

明奖的好处在于可树立榜样，激发大多数人的上进心。但它也有缺点，由于大家评奖，面子上过不去，于是最后轮流得奖，奖金也成了"大锅饭"了。

同时，由于当众发奖容易产生嫉妒，为了平息嫉妒，得奖者就要按惯例请客，有时不但没有多得，反而倒贴，最后使奖金失去了吸引力。

而暗奖则是管理者认为谁工作积极，就在工资袋里加钱或另给"红包"，然后发一张纸说明奖励的理由。

暗奖对其他人不会产生刺激，但可以对受奖人产生刺激。没有受奖的人也不会嫉妒，因为谁也不知道谁得了奖励，得了多少。

其实，有时候管理者在每个人的工资袋里都加了同样的钱，可是每个人都认为只有自己受到了特殊的奖励，结果下个月大家都很努力，争取下个月的奖金。

鉴于明奖和暗奖各有优劣，所以不宜偏执一方，应两者兼用，各取所长。

比较好的方法是大奖用明奖，小奖用暗奖。例如，年终奖金、发明建议奖等用明奖方式。因为这不宜轮流得奖，而且发明建议有据可查，无法吃"大锅饭"。月奖、季奖等宜用暗奖，可以更好地发挥刺激作用。

管理者必须区别每个员工的工作实绩，给予不同的人以不同的评价和物质激励。不公正和不适当的奖赏，不论是明是暗、过高还是过低，都会打击员工的士气，降低管理者的信誉。作为管理者，必须保持自己的信誉，否则你的一言一行都会为员工们所不屑，这样就会失去对员工的号召力。

除了明奖和暗奖以外，奖金发放的步骤也很有讲究。请看下面这个耐人寻味的例子：

有家私营公司的一名销售人员兢兢业业，取得不俗业绩，公司决定奖励他13万元。年终，总经理把他单独叫到办公室，对他说："由于本年度你工作业绩突出，公司决定奖励你10万元！"

业务员非常高兴，谢过总经理后拉门要走，总经理突然说道："回来，我问你件事。今年你有几天在公司，陪了你妻子多少天？"该业务员回答说："今年我在家不超过10天。"总经理惊叹之余，拿出了1万元递到业务员手中，对他说："这是奖给你妻子的，感谢她对你工作无怨无悔的支持。"

然后，总经理又问："你儿子多大了，你今年陪了他几天？"这名业务员回答说："儿子不到6岁，今年我没好好陪过他。"总经理激动地又从抽屉里拿出1万元钱放在桌子上，说："这是奖给你儿子的，告诉他，他有一个伟大的爸爸。"

该业务员热泪盈眶，千恩万谢之后刚准备走，总经理又问道："今年你和父母见过几次面，尽到当儿子的孝心了吗？"该业务员难过地说："一次面也没见过，只是打了几个电话。"总经理感慨地说："我要和你一块儿去拜见伯父、伯母，感谢他们为公司培养了如此优秀的人才，并代表公司送给他们1万元。"这名业务员此时再也控制不住自己的感情，哽咽着对总经理说："多谢公司对我的奖励，我今后一定会更加努力。"

同样是13万元，如果将钱一次性直接发给这名销售人员，而不假以各种调动感情的名目发放，那效果我们可想而知。这就如同将胡萝卜做成沙拉，同样的材料稍做加工，拌上美味的沙拉酱，就可更大程度地调动人的胃口。

把发奖金的手段用活，并不是什么别出心裁或者说哗众取宠之举，而是管人励人的需要，是一种不可不知的管人权谋。各种花样可以多方面、多角度、多层次地激励起员工的工作热情，这与花式篮球可谓是殊途同归，管理者又何乐而不为呢？

第 07 章

制度执行要兼顾"严格"与"灵活"

严格执行制度

规章制度制定的目的就是要公正严明地执行。《孙子兵法》指出，要规定明确的法律条文，用严格的训练整顿军队，若对士兵过于宽松、怜爱，会导致士兵不能严格执行命令，使部队陷入混乱而不能平息。现在的企业都面临着严峻的竞争，其残酷程度不亚于战场上的拼杀，如果做不到纪律严明，是无法取得胜利的。

《左传》记载：孙武去见吴王阖闾，与他谈论带兵打仗之事，说得头头是道。吴王便让孙武替他训练姬妃宫女。

孙武没有说什么废话，而是以演阵斩美姬为例，使众宫女步调整齐划一，成了训练有素的军人，由此从立信出发，换得了军纪森严、令出必行的效果。规定好了制度，管理者就应该坚持正确的原则。虽然推行的结果可能会得罪一些人，导致自己受埋怨、被仇视，但如果制度推行不下去，那么管理就很难做到令行禁止，企业的前途也会堪忧。

规章制度的条文并不是通过下属的耳朵来听的，而是要员工用心去记、去体会、去执行，使他们明辨是非曲直，知道什么可以做，什么不可以做。更重要的是规章制度执行起来不能因人而异，无论什么人，只要违反了规章制度，都一律要按照违纪来处理，来不得半点偏袒。当大家都明白了这一点后，到时候，管理者再去面对犯错误的员工时，就无须再瞻前顾后、犹豫不决了，就可以果断"下刀"了。

无情管理，人人平等

无情，应是管理者力争达到的一个境界。首先，做个好好先生是无法让人信服的；做个愿意负责的"无情"管理者反而能让人服从。因为别人

第07章
制度执行要兼顾"严格"与"灵活"

是否信服你,完全取决于你的个人品质和能力。

其次,人人都是有惰性的,也只有"无情"才能最大限度地使人发挥其作用。

再者,"无情管理"也是一种具有冒险精神的管理方式。这就像是为成功下了一个很大的赌注,并且没有退路。

那些较为成功的管理人员往往显示出较强的冒险欲望,同时,他们比那些不太成功的管理人员显得更为果断和强硬,并且他们的精力更加充沛,主动性也更强。

传媒世界的主宰、新闻集团的CEO默多克就是一个"无情管理"信奉者,他从来就不愿意做好好先生,他认为:"对人的管理应和对公司资产的管理一样严格,否则对人和对事业都会造成不利影响。如果有人以任何理由不干活的话,就应辞退。"默多克曾经开除了40位以上的发行人员和编辑,其中包括他父亲最好的朋友和美国最成功的编辑之一克莱·费尔克,就是因为他们没有保质保量地按时完成任务。

无情管理指的是在制度面前人人平等,唯制度最大,唯制度最高,唯制度最铁。制度即管理,管理唯制度,制度即文化。谁不按制度进行管理,不遵守规章制度,就是对管理的一种破坏,对企业根基的摧残。

这与现在大多数企业都在提倡人性化管理其实是一码事,也是相辅相成的,因为管理制度是实施人性管理的平台;而强调在管理中倡导"人性化",讲究"人情味",并不意味着要抛弃管理制度。假如将"放任""听之任之"看成是"人性化管理",显然是走入了误区。

没有人管、没有工作压力、没有工作目标的时候,员工就容易产生惰性。解决这些问题首先要靠制度,制度定得严格完善,员工的工作任务安排合理,员工的工作目标明确,加上适时的监督,自然就没人再投机耍滑,钻公司的空子。

及时惩处违规行为

如果违规与惩处之间的时间间隔延长，则会减弱惩处的效果。在过失之后越迅速地进行惩处，下属越容易将制度法规与自己的错误联系在一起，而不是将惩处与执行者联系在一起。因此，一旦发现违规，应尽可能迅速地按制度惩处。

美国斯坦福大学心理学家詹巴斗曾做过这样一项试验：他找来两辆一模一样的汽车，一辆停在比较杂乱的街区，一辆停在中产阶级社区。他把停在杂乱街区的那一辆的车牌摘掉，顶棚打开，结果一天之内就被人偷走了。而摆在中产阶级社区的那一辆过了一个星期仍安然无恙。后来，詹巴斗用锤子把这辆车的玻璃敲了个大洞，结果，仅仅过了几个小时，它就不见了。

后来，政治学家威尔逊和犯罪学家凯琳依托这项试验，提出了一个"破窗理论"。这一理论认为：如果有人打坏了一个建筑物的窗户，而这扇窗户又未得到及时维修，别人就可能受到暗示性的纵容去打烂更多的窗户。久而久之，这些破窗户就会给人造成一种无序的感觉。那么在这种公众麻木不仁的氛围中，犯罪就会滋生、蔓延。

"破窗理论"在社会管理和企业管理中都有着重要的借鉴意义，它给我们的启示是：必须及时修好"第一个被打碎的窗户玻璃"。

"破窗理论"运用到企业中就是要迅速地处罚不遵守制度的行为，让人明白"莫伸手，伸手必被抓"的道理，在这样一种积极暗示下，久而久之，人人都遵守制度和规则，认真工作。

同样，对企业生产经营中出现的例外事件或偶然事件，也要及时处理。管理制度是人们在实践过程中根据经验总结而制定的。但没有人可以做到面面俱到，而且现代企业的生产经营活动以及外部环境在不断变化，因此，"例外"与"偶然"的出现是必然的。在这种情况下，要善于因地制宜，用管理制度来指导对"例外"与"偶然"事件的处理，并且将"例外"事件适时地纳入管理制度，使之成为管理规范。这样不仅可以提高管理制度的科学性，而且会提高领导艺术的水平。

奖罚制度应分明

奖与罚是重要的管人手段之一。奖与罚一定要分明，该奖就奖，该罚则罚，否则就会给组织种下祸根。

在我国古代，对"赏罚分明"四个字已经分外重视。人们认识到，国家兴衰、朝代更迭大半因用人，用人不当大半与赏罚不明有关。

对于奖罚要分明的重要性，早在战国时期的魏惠王与其大臣卜皮的一次对话就足以说明了。

魏惠王问卜皮："你担任地方官的时间很久，和百姓接触的机会最多，应该听过百姓对寡人的批评吧？"卜皮说："百姓都说大王很仁慈。"魏惠王听后大喜："是吗？果真如此，国家一定能治理得很好。""不，相反，国家快要灭亡了。"卜皮说。魏惠王愕然："寡人以仁慈治国，这样有错吗？"卜皮回答："陛下只想给天下百姓仁慈的形象，就不能居人之上。所谓的仁慈包含怜悯、仁心、宽厚、慈祥。如今即使百姓、大臣犯罪，陛下在处罚他们时，也会踌躇不前。有过而不罚，无功却受禄。天下人都会看不起大王，百姓也会放肆。臣说国家快要灭亡，就是这个道理。"

北魏时，尚书驾部郎中辛雄为人贤明，对下属赏罚分明，处理政事公正无私。他曾上疏说："一个人所以面对战阵却能忘记自身的危险、冒犯白刃而不害怕的缘故，第一是追求荣誉，第二是贪求重赏，第三是害怕刑罚，第四是逃避祸难。如果不是这几个因素，那么就算圣明的天子也无法指挥他的臣下，慈祥的父亲也无法劝勉他的儿子。圣明的天子知道这种情况，因而有功必赏，有罪必罚，使得无论亲疏贵贱勇怯贤愚，听到钟鼓的声音，看到旌旗的行列，无不奋发激昂，争先奔赴敌阵的。这难道是他们讨厌长久的活着而乐意快死吗？利害摆在面前，是他们欲罢不能罢了。自从秦、陇叛变，蛮左造反，已经过了几年，三方面的军队，战败多而战胜少，追究他们的原因，确实是由于赏罚不明。陛下尽管颁下明诏，随时赏赐，但是将士的功勋经年不能决定，逃亡的士兵平安在家，因而使得守节的人无所劝慕，一般的人无所畏惧。前进攻打贼寇，死亡临头而赏赐遥遥无望；撤退逃散，生命保全却没有罪刑，这是使得士卒看见敌人就沮丧奔逃，不肯全力打仗的缘故。陛下如果真能号令必信，赏罚必行，那么军中士气一定大增，贼寇一定会平定了。"

古人尚且明白这个道理，作为一个现代管理者，更应该认识到奖罚分明的重要性。如果奖罚不分明，其后果是相当糟的。

1. 会打击员工的积极性

如果一个管理者奖励了一个不该奖励的员工，而把应该奖励的忽略了，把优秀的员工晾在一边不管不问，这会严重挫伤他们的积极性，并且使人们形成在这个公司出色地工作还不如投机取巧的想法。

2. 奖罚不明会失掉优秀人才

在一家小型炼油厂里，有个肯钻研的小伙子，他通过多年的实践经验并通过理论摸索，总结出了一套改进设备以提高出油率的先进方法。他把这个方案提交给他的主管，主管却不屑一顾，并对他说："我招你来是为我做事，不是叫你去干那些不三不四的事，这样不是耽误我的事吗？回去给我好好干活吧！"

按理，主管应该提倡技术革新，对从事技术革新并作出成绩的下属要大加赞扬并且予以奖励。而这个主管不但没有给作出技改成绩的下属以奖励，反而把他臭骂了一顿，致使那个员工回去之后愤而离开，转投到另一家炼油厂去了。

在管人过程中，奖励和惩罚是两种不可缺少的手段，奖罚分明会对一个组织的有效运转起到非常积极的效果。对有功者的奖励必然就应伴随着对无功或有过者的惩罚。二者不仅要相互结合，不可分割，而且要泾渭分明。管理者如果不能做到奖罚分明，还不如不奖不罚，因为奖罚不明所引起的不良后果远比不奖不罚大得多，甚至会使结果偏离初衷，从而导致人心涣散、组织混乱。

奖与惩要把握好时机和方式

惩与奖，是打拉策略的直接应用，对于管理者而言这里面可谓学问多多，围绕奖惩做好打与拉，便能写出一篇建立人脉的锦绣文章。

管理者应当掌握哪些奖惩原则呢？

1. 奖励的原则

奖励，是指对某种行为进行奖赏和鼓励，促使其保持和发扬某种作用和作为。奖励的方法是多种多样的，一般分为物质奖励和精神奖励，以及两种奖励的结合。物质奖励满足人们的生活需要，精神奖励满足人的心理需要。为了增强奖励的激励作用，实行奖励时应注意下列技巧性问题：

（1）物质奖励和精神激励相结合。

进行奖励，不能搞"金钱万能"，也不能搞"精神万能"，应当把物质奖励和精神激励相结合。

（2）创造良好的奖励气氛。

要发挥奖励的作用，就要创造一个"先进光荣，落后可耻"的气氛。在获奖光荣的气氛下奖励，能使获奖者产生荣誉感，更加积极进取。未获奖者产生羡慕心理，奋起直追。而在平淡的气氛下奖励，降低了奖励在人们心目中的地位，很难发挥激励作用。

(3)及时予以奖励。

这不仅能充分发挥奖励的作用,而且能使职工增加对奖励的重视,过期奖励成了"马后炮",不仅会削弱奖励的激励作用,而且可能使职工对奖励产生冷淡心理。唐代著名的政治家柳宗元认为"赏务速而后有劝",他主张"必使为善者,不越月逾时而得其赏,则人勇而有焉"。他说的"赏务速"就是奖赏要及时的意思。同时,奖励要及时兑现,取信于民。"信"是立足之本,言而无信,当奖不奖,职工就会感到受骗,从而产生反感情绪。

(4)奖励要考虑受奖者的需要和特点。

奖励只有能满足受奖者需要,才会产生激励作用。因此,奖励者应注意摸清受奖者需要什么,不需要什么,根据不同需要给予不同奖励。

2.惩罚的原则

惩罚的作用在于使人从惩罚中吸取教训,消除某种消极行为。惩罚的方法也是多种多样的,如检讨、处分、经济制裁、法律惩办等。惩罚作为一种教育和激励手段,本来是一般人所不欢迎的,因为它不是人们的精神需要,如果掌握不好,则容易伤害被惩罚者的感情,甚至受罚者为之耿耿于怀,由此消极和颓唐下去。但是,只要我们讲究惩罚的艺术性,不仅可以消除惩罚所带来的副作用,还能够收到既教育被惩罚者又教育了别人,化消极因素为积极因素的效果。实行惩罚要注意以下几点:

(1)惩罚与教育相结合。

惩罚的目的是使人知错改错,弃旧图新。因此,要把惩罚和教育结合起来。这个结合的常用公式是"教育——惩罚——教育"。就是说,首先,要注意先教后"诛",即说服教育在先,惩罚在后,使人知法守法,知纪守纪。这样做可以减少犯错误和违纪行为,即使犯了错误,因为有言在先,在执行法纪时,也容易认识错误,乐于改正。如果不教而"诛",则人们就会不服气,产生怨气。其次,要做好实施惩罚后的思想教育工作,使他正确对待惩罚，帮助他从犯错误中吸取教训，改正错误。

（2）一视同仁，公正无私。

惩罚对任何人都要一视同仁，要以事实为依据，以法律为准绳，不能感情用事。对同样过错，不能因出身、职位、声誉和亲疏缘故而处理不一，表现出前后矛盾，甚至轻错重处、重错轻处。这样的惩罚只会涣散人心，松懈斗志，毫无激励的价值。

要做到公正无私，首先要"惩不畏强"。不能欺软怕硬、惩弱怕强。要敢于碰硬，特别对于那些逞凶霸道、蛮不讲理之徒，要拿出魄力，看准"火候"，敢于惩治那些害群之马。这样做，能够警醒一批胁从者，教育一些追随者，使广大正直的人们为之拍手称快，干劲倍添。其次，要"罚不避亲"。要做到"亲者严，疏者宽"，对于亲近者的过错更要果断而恰如其分地处理，不徇私情，必要时要"大义灭亲"。只有这样，才能赢得群众的拥护，从而激起人们的工作热情。

（3）掌握时机，慎重稳妥。

一旦查明事实真相就要及时处理，以免错过良机，造成更大危害。适时是指掌握恰当的时机，瞄准火候。什么是惩罚最佳火候呢？其一，事实已查清，问题性质已分清；其二，当事人已冷静下来，对问题有所认识；其三，其错误的危害性已为大家所意识到。具备这三个条件，就是惩罚的恰当时机。这三个条件要靠惩罚者去创造，不能消极等待时机。惩罚，还应注意稳妥，不能一味蛮干，有的适当放一放，以免激化矛盾。特别是对一个人的首次惩罚，更要慎重稳妥，要十分讲究方式、方法。当然，也不能久拖不决，否则，时过境迁，就会降低惩罚的效果。

（4）功过分明。

功与过是两种性质完全不同的行为要素。功就是功，过就是过，不能混同，也不能互相抵消。因此，在实施激励时，有功则赏，有过必罚，功过要分明。决不能因为某人过去工作有成绩或立过功，而对他所犯的错误姑息迁就，搞所谓以功抵过。这样做对他自己、对集体都没有好处，只有害处。同样，也不能因为一个人有了错误，就一笔抹煞他过去的成绩，或对他犯错误后所做的成绩不予承认、不予奖励。这样做也是不利于犯错误者进步的。对于一个人犯错误以后作出的成绩，更应注意给予肯定和奖励，这样才能使他们看到自己的进步。

切实将奖惩制度落实到位

奖惩的制度制定得再好，如果不去实施还只是一纸空文。如同以前有些单位一样，领导拿着文件在全体员工大会上慷慨激昂地读一遍，散会后却弃之脑后，人们形象地称这种现象叫做"放空炮"。我们应该避免少放空炮，切实把奖惩制度落实到位。

一般单位传统的做法总是制度制定的多、检查落实的少；突击性检查的多、日常性检查的少；口头要求的多、实际落实的少；表面严格的多、具体过硬的少。检查的随意性成为"表面文章"的典型代表。不检查、不督促，就难以保证有效的落实。

检查与考核是保证落实到位的一对孪生兄弟，只检不考，检查缺乏力度；只考不检，考核便失去行使依据。强有力的核查是推进各项制度落实的锐利武器。

考核就是管理者透过镜子，检查下属，同时也检视自己。考核是一种制度，更是制度得以落实的核心环节。如果考核流于形式，模棱两可，无论是对管理者还是员工，都是一种欺骗和成本浪费。

没有监督检查的制度就根本不能称其为是一个制度，那只是一种美好的想法。这是非常重要的一点，管理者应该把它写下来，压到办公桌的玻璃板下面，这样只要坐下来就可以看到它，它能提醒你随时站起来，走出去，到工作现场去检查工作。

对员工进行考核，最主要的内容是绩效考评。绩效考评是一种正式的员工评估制度，它是通过系统的方法、原理来评定和测量员工在职务上的工作行为和工作效果。

绩效考评是管理者与员工之间的一项管理沟通活动。绩效考评的结果可以直接影响到薪酬调整、奖金发放及职务升降等诸多员工的切身利益。绩效考评的最终目的是落实制度，并改善员工的工作表现，以达到公司的经营目标，提高员工的满意程度和未来的成就感。

对员工的绩效考核，要本着实事求是的原则。这就要求管理者在制定考核标准时，必须把握以下几点：

1. 标准必须具体

标准是考核中用来衡量员工的尺度，它表示员工完成工作任务时需要达到的状况。因此，标准必须具体明确，不能让人感到模棱两可。对于那些可以直接用数字来表示成果的工作，比较容易理解。

2. 标准应该适度

所谓"适度"，简单地说就是制定的标准既不过高，也不过低。再形象一点说，就是"跳一跳便可以摘到树上的桃子"。

标准过低，员工不费吹灰之力就能够达到，这样考核就失去了意义；标准过高，员工无论怎么努力都不能达到，他们就会产生"破罐子破摔"的想法——反正也达不到要求，干脆不干了。这样还不如不制定标准。只有那些经过一定的努力可以达到的标准，才能对员工产生激励作用。

3. 标准应当可以改变

考核的标准制定出来以后，并不是一成不变的，在必要的时候也可以略加改动。

4. 标准应当有时间限制

这一条主要是针对业绩考核来说的。其实，在实际工作中，大家都自觉不自觉地做到了这一点，这里只不过再提醒一下罢了。

制度的落实是奖惩的最关键环节。无论多么好的制度，如果不能得到有效的落实，就无法发挥奖惩的功能，更重要的是，不注重落实一旦形成习惯和风气，将会影响整个组织的有效运转，甚至会导致组织的灭亡。

设法让下属"愉快地"接受处罚

下属违犯了规章制度，就必须处罚。不然，就等于有错不咎，赏罚不明。但如何罚？简单地照章办事，罚款了事？这是一般常规的做法。这样就有可能造成该人才的流失，跑到竞争对手那里去，弱己强敌。如果真是这样，在公司就会形成一种极为恶劣的影响：劣胜优汰。形成这样一种氛围的话，企业早晚非垮掉不可。

因此，在必须处罚的前提下，还要设法让下属"愉快地"接受处罚，变惩罚为激励，变惩罚为鼓舞，让下属在接受惩罚时怀着感激之情，进而达到激励的目的，甚至达到单纯奖励所不能达到的激励效果。这就是惩罚的艺术性、管人的艺术性。

有家单位发生过这样的事情：一位工作能力很强的员工，认为一项具体的工作流程是应该改进的，她也和主管包括部门经理提出过，但没有受到重视，领导反而认为她多管闲事。一天，她就私自违反工作流程。主管发现了就带着情绪批评了她。而她不但不改，反而认为主管对她有偏见，于是就和主管吵翻了，并退出了工作岗位。主管反映到部门经理那里，经理也带着情绪严肃地批评了她，她置若罔闻。于是经理和主管就决定严惩，认为该开除她的也有、扣三个月奖金的也有。这位员工拒不接受。于是部门经理就把问题报告到人事经理那里。

人事经理就把这位早有所闻的业务尖子叫到办公室谈话。他没有先上来批评她，而是让她先叙述事情的经过，并通过和她交谈，交换意见和看法。经理发现这位员工确实很有思路，她违反的那项工作流程确实应该改

第07章
制度执行要兼顾"严格"与"灵活"

进,而且还谈出了许多现行的工作流程和管理制度中存在的不完善之处。经理以朋友的方式平等地和她交流,而且真诚地聆听她的意见,这使那位员工感觉受到了重视和尊重,反抗情绪渐渐平息下来,从开始的只认为主管有错,到最后承认自己做得也不对。在经理试探性的询问下,她也说出了她的错误应该受到的处罚程度。

然后,人事经理与部门经理以及主管交换了意见和看法,经理和主管也都认同了"人才有用不好用,'奴才'好用没有用"的道理,大家讨论决定以该位员工自己认为应受的罚金减半罚款,让她在班前会上公开做了自我检讨,并补一个工作日。她十分愉快地甚至可以说是怀着感激之情接受了处罚,而且经理还以最快的速度把那项工作流程给改进了。事情过后,这位员工一下子改变了原来的傲气和不服气的情绪,并积极配合主管的工作,工作热情大增。大家说她好像变了个人似的。

那位下属之所以愉快地接受处罚,最关键之处是她认为不正确的问题得到了改进,她的意见被采纳了,她的才能得到了肯定。最终的经济处罚比她心里预期的要轻,她感到庆幸。这就相当于她准备花100元买这次错误,而结果只掏了50元,在一定程度上等于奖励了她50元钱,她岂能不高兴、不感激呢?朋友式的交谈中,她自己认识到自己做错了(而不是管理者或他人指责她做错了),她能不改正吗?这是让下属自己改正自己的错误,是积极有效地改正错误,而不是管理者要她改正,而她不得不改、被动地改、消极地改。被动地改、消极地改不是彻底地改,有可能要留后遗症,随时有可能反弹。朋友式的平等地交流问题和看法,会使下属有被尊重感,有某种意义上的心理满足感,下属会感觉到这样的领导可信赖,能够解决问题,就会把自己看到的问题几乎毫不保留地倒出来。这等于让她积压已久的意见得到了倾诉,心里的压抑感解除了,能不轻松愉快吗?这样的处罚,难道不是在帮助下属、肯定下属、表扬下属、激励下属吗?下属岂有不高兴和感谢之理呢?这样的解决是化消极为积极、化被动为主动、化问题为机遇、化失败为成功、化干戈为玉帛、化处罚为奖励、化约束为激励、化严肃为活泼、化漫天乌云为晴空灿烂。

同样是处罚，措辞不同，其效果也会相差很大。

有这样一个主管，当公司决定重新制作处罚单的时候，他就一直考虑如何设计这个处罚单，当在原有的基础上把有关项目及形式做了合理改进后，准备复印时，他在思索能否加上一句话，以达到减弱处罚在下属心理上造成的负面影响。在认真权衡之后，他就写了一句话——"纠错是为了更好地正确前行。"而且还要把单子的抬头"处罚单"三字改为"改进单"。印出来之后，大家都说这句话妙、好。这样的处罚单比单纯的严肃的处罚单效果要好得多。以往所有的处罚单，都是清一色的严肃的面孔，一句多余的话都没有。而这位主管把它加上了富有人情味、文化味、教育性、启迪性非常强的一句话，处罚单的面孔立即由严肃、冷酷、无情，变得慈祥、安静、企盼和充满着希望。当下属接到改进单的时候，看到了这句话，心理上会发生一系列的变化，由本能的反感、抵触、反抗到理解、认知，再到接受、改正错误，因此，台头叫"改进单"再合适不过了。在处罚单上做一处小小的改进，面目大为改观、境界迥然。处罚本是反面的教育，这样就变成了正面教育，鼓励改正错误，激励下属向正确的方向前行。

从以上两个案例中可以看出，处罚绝不单单是冷酷无情的，只要大胆创新，处罚完全可以变得和正面的表扬一样激励人，甚至比正面的表扬奖励还要积极有效。在运用处罚这一反面激励手段的时候，如果加上其他正面激励的成分，会减弱处罚在下属心理上造成的负面影响，从而得到更积极的效果。

一手赏一手罚，两手都要硬

赏与罚的目的，都是为了调动人的积极性。奖赏是件好事，惩罚也很

第07章
制度执行要兼顾"严格"与"灵活"

必要,对有功劳员工的奖赏和对犯了错误员工的惩罚是理所当然的,不能有半点儿的迟疑与含糊。赏罚的关键在于一手赏一手罚,两手都要硬,切实做到赏罚分明与赏罚公正,否则赏罚就会失去应有的效力,也就谈不上管理者的权威。

对该赏的人要赏,对该罚的人一定要罚;另一方面,对同一个人,该赏的时候要赏,该严该罚的时候也不能姑息。做到宽严相济、赏罚分明,才能更好地管理部属。

清代乾隆即位后,边疆叛乱不断,人民起义也相继而起。乾隆擅文好武,自称文治武功为古今第一人。为振励戎行,巩固自己的统治,他重视驭将励士,注重明赏严罚,一改过去封赏较低的做法。从乾隆三十二年(公元1767年)始,概予以汉人封爵位,世袭罔替,追授了一批名将爵位。如乾隆四十七年(公元1782年)追进赵良栋、王进宝一等伯,世袭罔替。昭梿在《啸亭杂录》里说:"国初定制,凡旗员阵亡者,荫以世爵,汉员犹沿明制,惟荫以难荫,官及其身而已。纯皇念一体殉节而有等差,其制不无偏袒之势,下诏命凡汉员文武各员如有阵亡者皆荫以世职,虽微员末吏亦得荫云骑尉。故人皆感激用命,三省教匪之役,殉难以数千计,盖上之恩泽沦浃之深也。"

为了明确赏罚之制,乾隆帝在四十九年(公元1784年)颁布了《行军简明军律》,严格规定了几十条赏罚条例,用以"整饬戎行"。《军律》阐明:"赏与罚,皆为军令所重,兹以军令各条谨加登载,至于计功叙赏,亦有一定之典,所以鼓励戎行,振兴士气。"将士在战场上只要勇于作战,都可获得从赏银到授予世职的不等奖赏。魏源在《圣武记》中论述说:"国朝武功之赏,至乾隆而始重。"

在用将方面,乾隆帝也是"尤多破格用人,不次拔擢"。最为著名的要数任举、高天喜二将。乾隆十一年(公元1746年)固原兵变,夜攻提署。固原游击任举闻乱,单骑诣鼓楼鸣角,叛兵惧而退,追斩十余人,擒四十余人，击败攻城叛军，即擢参将。十二年（公元1747年）征金川，骁勇善战，乾隆帝谕谓："在军诸将狃于瞻对之役，庸儒欺蒙，已成夙习。今别用举等，皆未从征瞻对，无所掣肘，宜鼓励勇往。"总督张广泗也上奏说："在川镇将，忠勇无出任举右者。"遂破格拔至重庆镇总兵。前后一年时间，任举由游击升至总兵，可见乾隆破格用人的气魄。任举战死于金川后，乾隆"阅疏为泣下"，并谕："举忠愤激发，甘死如饴，而朕以小丑跳梁，用良臣于危地，思之深恻。"命视提督例赐恤，加都督同知，谥勇烈，祀昭忠祠，以示厚爱之心。

高天喜是乾隆帝一手破格提拔起来的另一位清朝名将。乾隆二十二年（公元1757年）高天喜时任甘州守备，随参将迈斯汉与副将军兆惠击噶尔丹部于北路，风雪道梗单骑往探，奋欲赴援，为迈斯汉所阻。乾隆诏革迈斯汉职，即以高天喜代为参将，寻迁金塔协副将，再迁西宁镇总兵，授领队大臣。一年之内由守备升至总兵，连跳数级，在明清一代也实属罕见。高天喜在乾隆二十三年（公元1758年）回疆之役中战死。乾隆御制诗悼之，称其为"绿旗中第一人"，"祀昭忠祠，予骑都尉兼云骑尉世职……图形紫光阁。"乾隆御制赞曰："爪牙之将，用不拘资，感予特达，授命何辞？百战百进，义弗旋踵，怒则面赤，是为血勇。呜呼！听鼓鼙之声，则思将帅之臣，听磬声，则思死封疆之臣。"爱将之心溢于言表。乾隆帝破格用将，不次拔擢，重封重赏高天喜之例最为典型。在这种重赏拔擢政策下，乾隆一朝涌现出一批打仗勇猛、能征善战的将领，取得了一系列战争的胜利。

乾隆帝驭将，赏固信，罚亦严。对有功之将予以重赏，对于无功败将则处以重罚。平定大小金川之战，总督张广泗以三万清军在近两年时间里仅下五十余碉，进展迟缓，且死伤惨重。十三年（公元1748年）乾隆加派大学士讷亲，至川指挥作战。张广泗与讷亲闹矛盾，各持己见，进攻四月有余，损兵折将，仍毫无进展。乾隆将张广泗、讷亲撤职诛杀，以示军威。此次统兵将帅出征不能努力作战,故意迁延,教训惨痛,为此乾隆帝于十三年(公元1748年)针对将帅贻误军机而"刑律内玩寇老师有心贻误,毫无正条"的问题,特意研究讨论增军律三条:"一、统兵将帅苟图安逸,故意迁延不将实在情形具奏,贻误军机者,拟斩立决。二、将帅因私忿娼疾推诿牵制,以致糜饷老师贻误军机者,拟斩立决。三、身为主帅,不能克敌,传布流言摇惑众心,藉以倾陷他人贻误军机者,拟斩立决。"乾隆帝强调:"此非朕欲用重典,实以昭示武臣肃纪律而励勇敢。"此三条针对将帅的军律制定后,乾隆帝对于那些再敢不努力作战者,坚决严惩不贷。

从现代管理科学的角度来讲,赏罚为什么是管理团队的有效手段?就在于它的公正性。因此,惩罚要铁面无私、六亲不认,奖励更要实事求是、论功行赏。如果失去了公平性,会让小人得志、有功者寒心,会极大地损害团队的战斗力以及管理者自身的威信。

作为一个管理者,只有切实做到"一手赏一手罚,两手都要硬",公平公正地实施赏罚,团体的纪律才能获得有效的维护,团体中的每一个人也才能尽心尽力地去工作。相反地,一手软一手硬或者两手都不硬,总有一些人放心大胆地胡作非为,那么整个团队纪律及秩序都将会遭到破坏,整个团队就会失去战斗力。

切实做到执法严明、不徇私情

要想达到赏罚的激励与惩戒效果,必须做到执法严明、不徇私情。这一原则在当今社会也许并不难做到,但在封建社会,讲究礼仪和刑罚要分对象,主张礼不下庶人,刑不上大夫。从某种意义上讲,作为特权阶层,贵族士大夫是被国家统治机器保护得最完好的一帮人;如果是皇亲国戚、皇子皇孙,更是被优容在王法之外,也就是说王法不应该去惩治他们,他们的一言一行甚至代表着王法。尽管如此，历史上仍有不少非凡之士秉公执法，清朝的乾隆帝就是最具代表性的一个。

乾隆惩戒违犯王法的行为时，常常从皇族开刀，以慑服广大朝臣人臣，从而维护以皇帝为中心的皇权统治。

爱新觉罗·弘昼是乾隆的弟弟，仅比他小几个月。雍正帝在位时，兄弟二人朝夕相处，同吃同住，同师同窗，手足之情甚笃。当时，兄弟二人经常互赠诗文以表情深。乾隆登位以后，兄弟二人的身份和关系发生骤变，兄弟与君臣的双重关系显得既亲切又威严。弘昼突然间由弟变成了臣，遇事都要奏请，要在以往朝夕相处的哥哥面前叩头，这未免显得有点尴尬。更重要的是弘昼自幼性格骄奢，处处盛气凌人，贱视王公大臣，还贪财成性。乾隆弘历深知这个弟弟的性格，处处都让他几分。父皇雍正帝去世后，乾隆把雍亲王府的所有财产都赐给了弘昼，但他依然不满足，想进一步把整个府邸占为己有。拥有雍正帝的私产，弘昼已成为王公宗室中首屈一指的富豪了。为了防止弘昼过于贪纵，乾隆就以此府为两代龙飞之地为由，拒绝了他的无理要求。

弘昼并未觉察皇兄对他的限制，依然骄横取闹。有一次，他和军机大臣讷亲因一点小事闹得十分不快，竟然不顾体面，在朝中公然殴辱。乾隆对弘昼采取了暂时包容的态度。还有一次，乾隆和弘昼一块监试八旗子弟，到了该吃饭的时候，乾隆仍不退朝进食，主要是担心八旗士子习性顽劣，夹带作弊。哪知此时弘昼竟然没有分寸地对皇兄说："上疑吾买诸子心耶？"意思是你难道还怕我也被士子们收买了吗？按照当时的礼法，这根本不是臣子对皇上说的话，不管是谁，因为这显出臣下对皇帝权威的不恭顺。乾隆听了心里自然十分不高兴，就一言不发地退朝了。事后，有人提醒了弘昼。第二天，弘昼向皇上请罪，乾隆借此教训弘昼说那句话是出于友爱，但有违礼法，告诫他以后要谨慎言行。此后，他仍然对弘昼友爱如初。

第07章
制度执行要兼顾"严格"与"灵活"

在日常生活上虽然乾隆对皇室有优厚的待遇,但在政治上的要求还是比较严格的。皇室大部分成员只要做错了一点小事,乾隆就要对他们加以训诫,甚至给以惩戒,提醒他们不要因为身份特殊就忘乎所以。

弘瞻是乾隆的另一个弟弟,从小就害怕皇兄的威严,甚至到了看到他就躲的地步,惹得乾隆十分不高兴,不过认为他还是个孩子,不必吹毛求疵非要他行君臣之礼。弘瞻成人后,被封为果亲王,他的老师就是当时著名的诗人沈德潜。弘瞻受老师影响,尤擅诗词,而且藏书颇多。由于弘瞻继承了原果亲王允礼的家产,因而也比较富裕。可是他为人处事十分吝啬,虽然积聚了许多赀财,对下属却极为刻薄和严厉,以至于"每平披立起,巡视各下属,立杖责之,敌众皆畏惧,无敢为非者"。为了积累更多的钱财,弘瞻还开设煤窑,甚至强占平民产业。

伴随乾隆南巡时,弘瞻曾嘱咐两淮盐政高恒(乾隆的小舅子)替他贩卖人参牟利。高恒因此被捕吃官司,供出果亲王弘瞻因欠商人江某的钱,才托他售卖人参以偿债。乾隆认为这是有失体统的事,作为御弟,竟作出这样卑贱的市井之事,因此十分生气。经过进一步调查,弘瞻命人购买绸缎、武器、朝衣等物时,总是短少卖家银两。另外,弘瞻奉命前往盛京恭送玉牌时,竟上奏说先去打猎再去盛京。圆明园失火,弘瞻不仅不赶快去救火,后来去了还"嬉笑如常,毫不关念"。

弘瞻的一系列表现着实让乾隆大为恼火,为此他多次对皇弟进行训斥:"种种谬戾乖张,难以毛举,朕皆以年幼无知,不忍遽治其罪,曲加训饬,冀可就俊,谍意庸妄日增,非法干求,亦更彰著,其所关于家法、朝纲、人心、风纪为甚大,又不得不与内外臣工恺切宣示者。"面对皇兄的训诫,弘瞻却认为这些过失都是不足挂齿的小事情。这显然是依仗特殊的身份自高自大的表现,认为他是当今万岁爷的亲弟弟,就凭这点儿小事,皇上是不会怪他的。

在清查弘瞻劣迹的过程中,乾隆还发现他私下竟然托军机大臣阿里表选用门下人做官。虽然阿里表拒绝了他的托付，但这种意图和行为已引起了乾隆的极大愤怒。为此他训斥道："其最可异者，朕特命大臣拣选官员，此何等事，弘瞻竟以门下私人，关主挑取，请托阿里表。""弘瞻冥心干与国政，毫无顾忌，一至于此，此风一长，将内阁府旗员之不已，外而满汉职官，内而部院司寺，势将何所不有？"又说："将来皇子若效其所为，谁复有奏朕者，朕实为之寒心。""弘瞻如此恣肆失检，朕不加儆诫，将使康熙末年之劣习，自今复萌，朕甚惧焉。"

弘昼和弘瞻一同去皇太后宫中请安，在皇太后座旁藤席跪坐，而此处正好是乾隆平时跪坐之地。为此，乾隆斥责两个弟弟"仪节替妄"，"尚知有夭泽之辩哉！"其实，惹他发怒的根本原因还是两个弟弟的言行已触及了皇权。对其他日常生活小节错误，皇上尚能姑息纵容，一旦僭越行为渗入到政治领域，态度却是相当认真严肃，绝没有任何让步的余地，哪怕是亲兄弟也要严惩不贷。他命令几位亲王和军机大臣访削弘瞻爵位。最后，弘瞻诸罪俱发，被革去亲王爵，降为贝勒，解除一切差使，永远停俸。而弘昼也因"于皇太后跪坐无状"，罚停王俸三年。乾隆的态度对二人显然有惩戒作用，有力地维护了他的皇权统治。

厚待宗室而绝不容忍他们危及皇权，这对封建专制皇帝来说是个大是大非的原则问题，原本就不应有任何选择的余地。

乾隆初年，康熙帝第十六子庄亲王允禄是辅政大臣，地位在王公贵族中最为显赫，日积月累，以允禄为中心逐渐形成一个势力集团，这自然是有违乾隆意旨的。乾隆最初认为他们是一伙"庸碌之辈"，不会掀起什么大风浪，尽管允禄毫无顾忌地凭借特权援引勾结，但他们能力毕竟有限，对皇权的巩固也不会造成致命伤害，因而乾隆对这位长辈采取了睁只眼闭只眼的态度予以容纳。但到了乾隆四年（公元1739年），乾隆却发现允禄集团已渐成气候。允禄和礼亲王弘晳火器营部统弘升、弘昌、弘晈、弘普等人相互趋炎奉承，"私相交结，往来诡秘"，因而不得不提高警惕。他采取积极措施揭露了允禄一党的阴谋，以免"将来日甚一日，渐有尾大不掉之势"。

为了防止意外情况发生，乾隆采取果断措施，惩治宗室结党人员，弘升首先以"挑动事端，使我宗室不睦"的罪名被逮捕，交宗人府审问。紧接着，允禄以"结党营私"的罪名被革去议政大臣和理藩院尚书职务，不再享受亲王双俸的待遇，仅保留亲王称号。弘昌、弘普分别被革去贝勒、贝子封号。弘晳所犯罪行十分明确，问题重大，他竟然在王府内仿照国家政权体制，设置会计、掌仪等司，还曾多次请巫师降神，问了一些大逆不道触犯王法的事，例如，"准噶尔能否到京？天下太平与否？皇上寿算如何？将来我还升腾与否？"这表明，弘晳有企图篡夺皇位的阴谋。最后，乾隆命令将弘晳永远圈禁在景山东果园，一起被圈禁的还有弘升。

乾隆严惩宗室王公贵族，不仅仅是为了遏止他们结党营私，更有深刻用意。他以此告诫百官：即使皇亲国戚，只要触犯了王法，违背了皇权意志，也要受到国家、宗室律例的惩处，毫不姑息，希望朝廷上下官员引以为戒，一心忠心报国。

用共同愿景来刺激员工

杰克·韦尔奇是一位强硬的公司愿景拥护者。在他的著作《杰克：在领导一个伟大的公司和伟大的民族中我所学到的东西》中，他是这样说的："每当我有了一种想运用到这个组织中去的观点或者信息的时候，我从来都说不够。我在每次会议和每次考察中都会一次又一次地对它进行重复。我总是觉得我必须说到极致，好让大量的人们理解并追随这种观点。"

韦尔奇说："领导者，像罗斯福、丘吉尔和里根等人，他们有办法激励一些有才干的人，让他们把事情做得更好。而管理者呢，总是在复杂事务的细节里打转，这些人在'进行管理'的同时，'把事情弄得复杂'。

他们往往试图去控制和抑制,把大量的时间浪费在琐碎的细节上。"

在被问到"你如何确保自己成为一个不进行微观管理的梦想家式管理者"的时候,韦尔奇这样回答:

明文写下愿景;

避免深陷细枝末节;

雇用并提升那些最有能力将愿景转化为现实的人;

管理者——你可以从罗斯福、丘吉尔和里根中任选一人——清晰地说出如何可以将事情做得更好,以此激励手下。

韦尔奇是这样解释员工的力量和真正的领导艺术的:不可能有哪项业务能够离开替补席上的运动员。真正的领导艺术来自一个人的愿景的质量,以及此人激发他人尽情施展的能力。最好的经理人并不用威吓胁迫进行领导("我是老板,你得照我说的去做"),他们通过感召他人产生施展抱负的愿望来领导("这是我为我们的未来设置的愿景,这样做你就能帮助它成为现实")。

比如,他的关键性文化创意"群策群力"计划就是特别为确保每一名员工对企业应当如何运转都有发言权而设计的。通过引领员工为共同目标而奋斗,能有效地减少官僚主义、独断专行等阻碍员工才智发挥的障碍,为员工创造一个可以尽情施展的理想环境。

还有,上世纪80年代初,GE是一个工业革命时代遗留下来的庞然大物,韦尔奇坚信它一定可以成为市场上高价值的供应商,高效率运营的公司。为了达到这个愿景,韦尔奇不断加强公司的学习能力和适应变化的能力,从而推动了公司的改革,使GE成为了全球最成功的国际企业之一。

韦尔奇上任伊始,就提出数一数二的战略愿景。他说:"我们要能够洞察到那些真正有前途的行业并加入其中,要在自己进入的每一个行业里做到数一数二的位置——无论是在精干、高效,还是成本控制、全球化经营方面。不这样做，80年代的公司将不会再出现在人们面前。我们必须做到数一数二，因为，如果我们对一项业务的长期竞争力没有有效的解决方案，那么终将有一天业务会陷入困境，这只不过是时间早晚的问题。"

韦尔奇认为GE的各项业务都要力争在市场占有率、竞争力上达到业界数一数二，否则就要处理掉。追求数一数二，这正是GE的新战略愿景。在此后的20年里，这一愿景就像一面旗帜，指引GE从当年的美国十强之一，变成世界第一；从当年的大而有些僵化的"超级油轮"，变成最具活力的企业——"会跳舞的大象"。

在企业中，目标就像灯塔为航船指明前进方向。在鼓励员工为你打拼之前，管理者应该有一个明确的目标，并且为企业的每一个成员都制定一个定性定量的目标，让员工的激情与能力能够有的放矢，这样才能充分地发动每一位员工为企业的整体目标而奋斗。

目标设置要适时、合理、可行，并且与员工的切身利益紧密相关，这将成为能否有效激励员工为你打拼的关键。因此，如何正确设立目标是利用目标激励员工的关键。为了使目标的设立与管理更为科学、合理，管理者应遵循以下几条原则：

1. 将组织目标与个人目标相沟通

在现实中，几乎每个人都在心里给自己设定了追求的目标。但是，由许多个人目标所组成的目标就是"组织目标"了吗？当然不是。因为两者很难同时获得成功或很容易发生冲突，而且不仅仅在个人与个人的目标之间，即使在个人与组织的目标之间也经常会存在分歧。为了提高工作绩效，管理者必须使每一个员工对"所有目标"有一个清醒的共同认识。

管理者应该及时与下属进行沟通，促使员工理解个人目标与"组织目标"之间的关系并进行取舍。通常，那些看到"组织目标"与个人目标有直接关系的员工，更容易产生强烈的工作欲望和工作热情，这样实现"组织目标"也就比较容易。

2. 目标设置要协调一致

要通过目标设置来激励员工为你打拼，归根结底是要让个人目标与组织目标相一致。组织目标与个人目标可能是平衡一致的，但大多数情况下二者会发生偏向，这种偏向会导致冲突发生，从而不利于员工积极性的调动，更不利于组织目标的实现。只有使这种偏向趋于平衡，即组织目标向量与个人目标向量间的夹角最小，才能使员工产生较强的心理内聚力，从而使员工为完成组织目标而奋斗。

3. 目标设置要具体明确

设立目标的目的是为了使所有员工的行动能够尽量统一，让大家具有共同的方向，从而使行动的效果达到最大化，这就必然要求目标的设置要明确。如果目标不明确，很容易对目标的理解产生分歧，从而影响目标执行的效果。

目标应该达到能精确观察和测量的程度。大量的研究结果证明，具体、明确的目标要比笼统、空泛的目标形成更高的绩效。例如，在制定每月要达到的销售目标时，用具体的数字往往比含糊其辞的"尽最大努力""争取有所提高"等要有效得多。

4. 目标设置要适宜

很多时候，目标设置表现为一种选择，特别是在难易程度方面。设置目标时，其难度应以中等为宜，这个目标又被称为"零点五"目标。如果目标难度太大，员工容易失去信心；而难度过小，又激发不出员工足够的激情与干劲。这两种情况都无法收到良好的激励效果，只有所谓的"跳一跳，够得着"的目标激励作用才最强。因此，作为目标的制定者，管理者在设置目标的时候，必须注意这个问题。

5. 目标设置要有可接受性

管理者应该明白，企业目标只有内化为员工个人的目标，才能对个人的行为产生激励作用。相反，如果组织目标无法内化为员工的个人目标，那么目标顺利执行并达到预期的效果就是不可能的。

让员工参与目标的制定要比单纯的指令性目标好。这是因为，员工参与目标的制定可以使其看到自己的责任和价值，同时可以把目标定得更合理，从而提高目标的可接受性。当员工愿意接受某一目标时，就表明他认同这一目标的可行性、合理性，更重要的是，这与员工自身的目的性相一致。那么，员工尽心尽力为这样的目标打拼自然是顺理成章的事情。

6. 目标设置要有可反馈性

在实现目标的过程中，如果员工能够得到及时、客观、不断的信息反馈，其受到的激励要比无任何反馈大得多。同时，员工获取行动效果的信息后，往往会主动发动或调整下一步的行动，这无疑将有利于取得更高绩效。

7. 设定充满乐趣的目标

管理者在用目标激励员工时，把游戏和竞争法则用于组织的工作及挖掘组织中员工的潜力也是非常可行的。管理者要善于运用图表、游戏和竞争的方法使目标变得充满个性与趣味，消除员工工作中过分的紧张情绪。这样，员工必定会用实际行动给予企业相应的回报。

8. 制定有期限的目标

对有明确期限要求的目标，员工会全身心投入，以期在期限内完成。而对没有确切期限的目标则会无限期地拖下去，甚至遗忘。因此，管理者一旦制定一个目标，就应给出一个具体的、明确的期限，否则你马上就会充分体会到，没有期限的目标，很多时候是没有结果的。

企业的目标应该具有阶梯性，从企业的管理层到执行层都必须有一个清晰的目标。每个层次的目标都是为组织的总目标服务的，这样的目标管理系统才能起到激励整个企业员工的作用。

目标设定是员工"职业生涯计划"的一项重要内容，目标定得是否合理，决定着整个计划的成败。在员工的职业生涯设计中，管理者要注意以下几个问题：

1. 目标的设定应该适合每个员工的实际情况，而不是越高越好

企业的发展和个人的发展都是有一定条件、遵循一定规律的，脱离实际的目标是无法实现的。一个企业的员工不可能都成为管理者，那么员工的个人目标应该怎么定呢？

对大多数员工来讲，一个基本目标应该是通过长期的努力，使自己成为本岗位或者本专业的能手，成为"第一"。从敬业开始，使自己的能力得到提高，工作取得成就，成为一个对企业、对社会都有用的人。唯有这时，个人的收入和需求也就有了实现的可能。

2. 目标应该是阶段性的

员工的成长和企业发展一样，都有一个投入和产出的问题。对职业生涯来讲，投入的主要是学习和时间，而产出的是能力和成就。

实现目标需要一步一步地前进，企业管理者要确定一个个阶段性的目标，把一个完整的目标变成一个个的分目标。

将目标的实现分成若干阶段，这样既不至于使目标太大，难以激起员工的兴趣，又不至于使目标太小，让员工觉得没有意义。为实现最后的结果，就必须从最后位的目标开始，一步一步地向前位目标迈进，次第完成每个目标。最后位的目标必须最接近目前的状况，且尽可能地详细而现实。也就是说，最后位的目标必须是可以达成的。达成了以后，再以更高的目标为目的。

达到目标的过程或手段，规划得愈仔细愈好。愈上位的目标，其过程或手段可以愈概略。只要从下位目标一步一步地向上"爬"，最后的目标一定可以实现。

3. 在实现目标的过程中，既要注重大的方面的提高和进步，也要注意员工成长过程中一些小的缺点和不足

比如：不经意的经常迟到或者不注意小节，开会时手机响个不停，衣

着随便，在公共场合大声喧哗，还有做事拖拉，不能及时完成任务或者不及时汇报等等。

这些不足虽然不是什么严重的错误，但是对个人职业生涯计划的实现会带来极大的不利。一个人的良好的职业习惯和职业作风，是一个人树立应有的职业道德和专业能力的基础，不能在细小之处克服人性中的惰性就很难在激烈的竞争中脱颖而出，就很难使自己在本职岗位上争创第一。

作为管理者，必须想到怎样用公司的目标吸引员工。管理者设立简单、明确、统一的目标，让大家朝着同一目标前进，会使通往成功的路更加平坦。

少说"我"，多说"我们"

在日常生活中，有一个字用得最多，那就是"我"。但"我"并没有很深刻的自我认识含义，认识一个人应该是从他的专属名字开始的。正如松下所说，一个人对自己需要有充分的认识，也可以说是一种自觉。首先要明确地认识这个名字，并将它置于一定的团体概念之下。例如所有的人都有一个自己专属的名字，假使你是山本三郎，你就要确知自己是"山本三郎"，更重要的是："我是日本的山本三郎。"这是第一步。

而当一个人进入公司之后，要有更进一步的新认识，即"日本某公司职员某某"。这是第二步，因为他把自己限定于范围更小的团队意识中了。

第三步是通过对企业理念的学习和团队精神的理解，在自我心中培养和产生与公司共存亡的信念。这样，这个人存在的价值就会变得非常大，同时也能感化周围的人。团队的精神也就会因此而自然加强了。然而每个公司都缺乏这样的人。不过，大多数的成功者，都是从这种人物中诞生的。

松下认为，一个人成功非常容易，因为他可以借助团队的力量和精神。可是有很多人却不能成功，这是因为他们舍弃了团队共同努力这样一条康庄大道而绕上了自我奋斗这条小路的关系。这些人眼前有一条大道，可是他们却偏偏认为小路好走。结果不是掉在泥沟里，就是因为路不好走，行进得非常缓慢。这也是为什么像松下电器这样的企业能够迅速地获得成功，而另一些企业却发展缓慢的重要原因。

当今的世界是一个不断分化和综合复杂的世界，由于不断的分化而变得深入，由于不断的综合而变得全面，这就是一些事物发展的基本趋势。作为一个优秀的企业家，松下幸之助明确地看到了这一点，他指出："当学问划分愈来愈精细时，一些衔接的学问便渐渐重要起来。所以需要将细分的学问加以统合，也可说是调和的学问相对增加。现今的日本正是这种情况。若以医学而言，有人学牙科，有人学耳鼻喉科，有人学眼科，各有专精。这种情形并非不好，可是人们还需要耳与眼的调和，若缺乏这种学问，还是很不方便。"

在一个团队中，有不同能力的人很多，他们都专注自己的技术或能力，那么怎样能使他们相互配合，产生强大的效力，使团队更具凝聚力呢？从这一角度出发，松下提出了一种自己独特的学问，即"调和学"。

什么是松下所总结的"调和学"呢？举个简单例子，在一个企业里，如果忽略了经营者与工会之间的联系，则经营无法成立。只有让它们之间有所联系，才能成为一个完整的企业。如果男人与女人只强调各自的特征，而不考虑加以"调和"，说不定最后会演变成男人与女人的战争。

松下认为，调和存在于一切事物中，但它并不是固定的，而是不断在发展。问题在于如何"调和"。团体中的每一分子都有调和的意识，只是不知调和的方法。这就要靠训练、靠研究、靠教育。举例说，一个企业有2万员工，但如果不懂得"调和"，那么这2万人也不能真正发挥其力量，创造不出多大的效应。如果一味放任不管，这2万人就成了乌合之众、一盘散沙。所以企业家在提高每个员工力量的同时，也必须考虑这2万人的团体合作。如果企业有2万人，可以分成好几个团体，然后联合成一个大团体。这样，就会使大家形成一股凝聚力，产生一种责任感。但同时还必须要谨慎，不要使这个团体产生负面的作用。

如果人类的思想趋于相同，事情就好办了。实际上人的思想却非常复杂而且怪异，要使每个人的思想随时都导向相同的地方，问题就更为棘手。即使在企业的管理层中，大家的思考方式也不同，所以即使想集合每个人的力量，综合发挥，也不是容易的事。因此，实现这种"调和"，是一个企业中最重要的事。

在周围的人群之中，有些人的魅力特别显著，这种魅力从何而来呢？姑且不论好坏，伟大或不伟大，这都是由于人们的特点不同所导致的。看看周围，万物各不相同，各有各的特色，大家的特点都不一样，因为要成就一件大事，彼此要互相承认这点才好。当我们面对当今世界的不断纷争，面临企业内部的种种矛盾时，想一想松下先生所倡导的"调和学"，也许我们能够从中学到些什么。团队的力量，是由团队中所有人共同创造的，只有调和好团队中每个人的思想，使其为了一个共同的目标共同努力，才能发挥巨大的力量，产生无限的潜力。

"我们"与"我"的区别，就是范围扩大了。管理者和员工的根本利益是一致的，把范围扩大后，员工会感觉自己也是企业的主人，从而提高工作主动性。

第 08 章

良好的制度会引爆员工的潜能

纪律严明胜过一切说教

俗话说："国有国法，家有家规。"管理员工离不开制度，好制度、严纪律胜过一切说教。

微软强调准时上班最主要的目的，是希望确保每件事都能够准时开始，像公司会议、报告、专案进度以及最重要的"交货时间"。微软特别重视团队合作，任何人不守时都会影响团队中其他成员，对公司资源造成浪费，因此准时成为纪律要求的第一条规范。

比尔·盖茨是推行微软制度管理的最大功臣，他本人严守纪律的个性，也经常博得别人的赞扬。他和别人约会，从不迟到。除了准时之外，他的耐力和意志力也令人震惊，一旦决定要做什么，他必定排除万难，全力以赴，不看到最后结果决不罢休。盖茨严格强悍的作风，使整个公司的管理纪律严明，从制造、工程、财务，甚至行销部门，每件事情都有清楚的规范，人人都以此标准而行。许多公司重视人性管理，以重视员工为口号，但盖茨强调纪律胜于一切，这种注重企业自主管理的经验和方法，使微软的企业文化独树一帜。

任何时候，企业中的人都会有这样或那样的逃避规则、贪图私利的内在冲动，这就需要一份良好的制度、纪律来抑制这种倾向，并通过纪律约束逐步引导员工形成良好习惯，使其逐步由制度约束下的"要我做"向高度自觉的"我要做"转变，从而让管理更方便、快捷、高效。

制度到位，责任到人

在《红楼梦》第十三回"秦可卿死封龙禁尉，王熙凤协理宁国府"中，讲述了王熙凤针对宁国府存在的弊端，采取了令行禁止、赏罚分明的

第08章
良好的制度会引爆员工的潜能

手段,治理了宁国府混乱的局面,显示了凤姐高超的管理才能。这其中重要的核心就是制度到位、责任到人。如果含含糊糊、责任不清,那么就会形成大家都有责任,实际上到最后就成了大家都没有责任的情形。

三只老鼠一同去偷油。它们决定叠罗汉,大家轮流喝。而当最后一只老鼠刚爬到下面那只的肩膀上,"胜利"在望之时,不知什么原因,油瓶倒了,引来了人,它们落荒而逃。

回到鼠窝,它们开了一个会,讨论失败的原因。最上面的老鼠说:"因为下面的老鼠抖了一下,所以我碰倒了油瓶。"中间的那只老鼠说:"我感觉到下面的老鼠抽搐了一下,于是我抖了一下。"而最下面的老鼠说:"我好像听见猫叫,所以抽搐了一下。"原来如此——谁都有责任就成了谁都没有责任。这种情况在企业发展中也是极为普遍的。

集体负责实际上就是无人负责。责任不明确,权限含糊,积极地讲是责任者与生俱来一种旁观者心态,认为这个事情别人会处理好的;消极地讲,这种环境下的管理者和责任者,其心思多数没有用在如何做好工作,而是用在了如何把功劳揽给自己,把责任推给别人。于是乎,这样的领导结构中,不仅工作成本高,遇事没有人出来积极负责,而且往往领导集体的不团结也伴随其中。

某企业一厂长上任伊始雄心勃勃,为了创造"业绩",大搞所谓"形象工程",加重了底层员工的负担,搞得怨声载道。上级有关部门追查下来,厂长说:"这是我们班子成员集体决定的,我们集体负责。"此后这件事便不了了之,"集体负责"变成了谁也不负责。这种将"集体负责"当作挡箭牌的现象十分普遍,长期以来得不到根本解决,其实质就是"腐败大锅饭"或"渎职大锅饭"。那么解决的方法是什么呢?就是要定好制度,把责任划分到个人,出了问题就找那个主管的人承担错误、接受惩罚,这样才能让每个岗位都负起责来、效率高起来。

在大草原上,三只瘦弱的小狼正与一只高大的斑马进行一场生死搏斗。

乍一看来，三只弱小的小狼很难是大斑马的对手。但实际情况是，一只小狼咬住斑马的尾巴，任凭斑马的尾巴如何甩动，也死死咬住不放；一只小狼咬住斑马的耳朵，任凭斑马如何摇头，也决不松口；一只稍显强壮的小狼咬住斑马的一条腿，任凭斑马如何踢弹，一点也不敢懈怠。

不一会，在三只小狼的齐心攻击下，"庞然大物"斑马终于体力不支瘫倒在地，成为三只小狼的盘中餐。

在组织内部，管理者一个很重要的职能就是定好制度，科学分工，根据实际动态对人员进行最佳配置。只有每个员工都明确自己的岗位职责，各司其职，才不会产生推诿、扯皮等不良现象。

好的制度才能造就好的人才

要想管好人，就要有一个好的制度，这是毫无疑问的。制定制度并不难，关键是执行制度。联想集团的柳传志、杨元庆迟到了也要罚站，因为这是公司的制度，任何人都没有例外。领导者决不能因为手中有权就轻视自己制定的制度，或利用权力更改制度、超越制度。

据说，德国总理施罗德一家周末出游都是自己开着私家车，因为德国政府配给他的高级防弹轿车不是个人财产，如果周末使用必须按规定付费。可施罗德总理在经过数次离婚后生活很不宽裕，所以，只好开着自己的旧车出游。于是，在德国首都的郊区时常可以看到这样奇怪的场景：一辆破旧的大众车在前面开，后面跟着一辆豪华的防弹轿车，车上坐满了保镖。想像着柏林郊外的这样一种情景，不由得使人生出了对德国国有资产管理部门的敬意，公车就是公车，制度就是制度，哪怕总理开着破车有损于国家形象，照样也不能通融半分。

中国有些企业的管理者很重视门面，随便到一家公司，接待小姐长得

第 08 章
良好的制度会引爆员工的潜能

漂亮，接待室华丽，接待客人大方。可是当你深入进去，就会发现厕所内脏、乱、差，清洁工是没有经过培训的一般民工，保安有些像痞子，司机像老爷……

我们很多所谓的"好"公司、"大"公司在管理方面，都存在着类似现象：有些方面管理非常规范，标准非常高，而在一些次要方面、边边角角却放得很松，标准低得让人吃惊。这看起来是抓住了主要矛盾，殊不知，这恰恰是管理制度不完善的表现。一流的公司，一流的管理，是没有大的缺陷和不足的。

历时三年，1998年定稿的《华为基本法》完成了华为对自身过去与未来战略的系统思考，并形成了严格的管理范围和决策程序。在中国，很少有企业能将管理制度上升到如此高度并给予坚决的贯彻执行。

曾有位专家对华为公司进行了"微服私访"，他专门察看华为的司机，结果让他大开眼界，也悟到了很深的道理。华为的司机多数是从保安人员转过来的，而保安人员则几乎全是从三军仪仗队、国旗班、驻港部队退伍的军人中招募过来的，他们不光人长得帅，关键是非常规范：个个西装革履，即使在盛夏也穿衬衣系领带。车里一尘不染，空气清新，非常舒适。无论客户级别高低，他们都一样礼貌待人。他们不会开快车，不会"动情"地超车，也不会在雨天的水坑中猛地轧过去，溅路人一身水，他们不猛踩刹车和加油门，从而让客人感到非常安全。客户去游玩，他们会在车里静静地等待，当客人要上车时，他们手扶着车门上沿，说："您好，请当心。"到了吃饭时间，无论客户如何诚心邀请，他们也不会与其一起吃饭，而是独自吃，不喝酒，等客户吃完了，他会准时等在门口。

华为总部的司机是这样，各办事处的司机也都如此。这位专家进一步了解到华为的其他员工也有着严格的行为规范，华为在各方面都有着严格的企业管理制度。由此，专家悟出：什么是大公司？能把小事情按照大事情标准做的就是大公司。什么是一流的管理？司机、清洁工、保安人员等普通的人都规范如一就是一流的管理。

正是华为公司的好制度,造就了一流的华为人。要建一流的企业、一流的公司,就要像华为那样,认识到每位员工都是一面镜子,方方面面、边边角角都规规范范,没有明显的管理缺陷和不足。

制度就是制度,管理者既然制定了制度就应该执行制度,只有这样的企业才能得到长久的发展。千万不可形式主义,否则所有的人才都无法被发现,所有的庸才都会被当作人才看。

在制度之下,"无为"式管人

一些人往往把管理想得过于简单了:"管人"不就是施展手中的权力来命令别人,让别人"俯首称臣"吗?事实上,"管人"可不那么简单,它是一门高深的学问。

作为管理者,你不能因为自己是"领导"就对别人颐指气使;也不能对下属"平易近人"到他们瞧不起你、不把你当回事的程度;你不能玩弄权术,让别人都觉得你太阴险,也不能诚实到你心里有什么事别人马上就能看出来;既不能冷酷到不近人情,又不能心肠太软;你既要做到和蔼可亲、平易近人,又必须令出禁止、威严有度……可见,管人是一门艺术,更是一套高深的谋略。

老子就曾教导要无为而治。而这种无为,实际上是有为。不仅是有为,而且是有大为。比如,《庄子》中有一段阳子臣与老子的问答。

有一次阳子臣问:"假如有一个人,同时具有果断敏捷的行动力与深入透彻的洞察力,并且勤于学道,这样就可以称为理想的官吏了吧?"

老子摇头回答说:"这样的人只不过像个小官吏罢了!只有限的才能却反被才能所累,结果使自己身心俱乏。如同虎豹因身上美丽的斑纹才招致猎人的捕杀;猴子因身体灵活,猎狗因擅长猎物,所以才被人抓

第08章
良好的制度会引爆员工的潜能

去,用绳子给捆起来。有了优点反而招致灾祸,这样的人能说是理想的官吏吗?"

阳子臣又问:"那么,请问理想的官吏是怎样的呢?"

老子回答说:"一个理想的官员功德普及众人,但在众人眼里一切功德都与他无关;其教化惠及周围事物,但人们却丝毫感觉不到他的教化。当他治理天下时不会留下任何施政的痕迹,但对万物却具有潜移默化的影响力。"

这才是老子"无为而治"的精髓。

当然,无为不是叫领导者完全撒手不管的意思。提高个人修养,满足下属正当请求,这些都是领导者在放任无为之前须预做策划的,否则无为不但不能成为"无不为",反而会成为企业混乱、领导者下课的根源,这是身负管理重任的领导者所必须注意的。老子所提倡的"无为"与"清静"有三个方面的内容:

一是不要分派令下属负担很重的任务;

二是应该尽量少施行命令或指示;

三是对下属的各种活动尽量避免介入或干涉。

但这并不是说领导者对一切都应该不管而无所事事。聪明的领导者要随时留心下属的动向,要以悠闲自在的精神状态面对下属。

"无为而治"的更深一层意思是领导者要懂得分离职权,为下属创造一个宽松的环境。

如果管理者事必躬亲,连细枝末节、鸡毛蒜皮的小事都要过问、干涉,不但会打击下属士气,而且自己也会疲惫不堪。

身为管理者,为下属创造一个舒适宽松的工作环境是他的责任。日常的工作要交给其他人去办,将职权分离出去。如此一来,自己才会腾出精力构思经营大计。

"无为而治"只是人力本身的"无所作为",但制度本身则应该运行不违。只要严明法纪,制度完备,下属的注意力就转移到这些形式上的条文中,而不是管理者身上。管理者隐藏于制度之后,以制度管理员工,这才是真正聪明的管理之道。

用制度激发员工的工作热情

未来企业经营的重要趋势之一是管理者不能再如过去般扮演权威角色,而是须设法以更有效的方法,间接引爆员工潜力,才能创造企业最高效益。

早在1989年前,柯达的创始人乔治·伊斯曼就曾收到一份普通工人的建议书。建议书呼吁生产部门将玻璃窗擦干净,这虽然是小得不能再小的一件事情,伊斯曼却看出了其中的意义所在。他认为这是员工积极性的表现,立即公开表彰,发给奖金,从此建立起一个"柯达建议制度"。

或许,伊斯曼也没有意识到,这个偶发的"玻璃窗事件"所引起的建议制度会一直坚持到现在并得到了不断改善。伊斯曼也许不会意识到,他所建立的"柯达建议制度"会成为其他各大企业纷纷效仿的对象。在柯达公司的走廊里,每个员工随手都能取到建议表,丢入任何一个信箱,都能送到专职的"建议秘书"手中,专职秘书负责及时将建议送到有关部门审议,作出评鉴。建议者随时可以直接打电话询问建议的下落。公司设有专门委员会,负责审核、批准、发奖。

对不采纳的建议,也要用口头或书面的方式提出理由,如果建议人要求试验,可由厂方协助进行试验,以鉴明该建议有无价值。

对公司来说,这种建议制度在降低产品成本核算、提高产品质量、改进制造方法和保障生产安全等方面起了很大的作用。柯达公司认为,这种制度起了沟通上下级关系的作用,因为每个职工提出一个建议时,即使他的建议未被采纳,也会达到两个目的:一是管理人员了解到这个职工在想什么；二是建议人在得知他的建议得到重视时，会产生满足感。

除此之外，柯达公司在实行职工建议制度时，注意了以下几个方面：

1. 重视建议制度

有管理人员，特别是第一线的领班，必须重视这一制度。如果第一线的领班对下属职工提出的建议表示冷淡，那么这种建议制度就不能得到职工们的支持。

2. 必须建立专门的机构来实行这一制度

柯达公司办公室和专职秘书必须及时地处理职工的建议，公平地解决奖金的数额，耐心地向建议人解释建议不能被采纳的原因和定期公布该制度的实施情况。

3. 简化建议制度的程序

每当该公司职工想出一个建议时，他们随手就可以拿到建议表，并填上自己的建议。职工们可以将建议表投到工厂的信箱中，也可以投到工厂特设的建议收集箱内。如果职工不愿透露姓名，他们也可以采取匿名方式提出建议，然后用建议表上的号码与厂方进行联系，可用电话查询该号码的建议是否已被采纳。建议办公室把所采纳的建议都一一列成表格，定期在公司出版的报纸上公布，或张贴在公司的布告栏上。

4. 对每项建议都要进行认真处理

负责建议的秘书及时把各项建议提交给各有关管理人员和科室，必要时，可把建议付诸实施。有关管理人员和科室对建议作出采纳或不采纳的决议后，必须将决议后的材料送交建议办公室，由负责建议工作的秘书提交本部门的建议委员会审批。

对未被采纳的建议，必须向建议人送一份详细的材料，说明该建议未被采纳的原因。如果建议人仍认为他的建议有采用的价值，他可向建议办公室提供更多的依据。在这种情况下，有些未被采纳的建议，最后可能会被采纳。

5. 重视对职工建议制度的宣传和对建议人的奖励

在柯达公司，每一位新职工都会领到一本关于职工建议制度及其奖励办法的小册子，这本小册子能很快使职工熟悉建议制度的内容。每周的职工周报设有专栏对建议被采纳的情况进行报道。

现代的企业管理已经由过去的一边倒（管理者即是权威，不容许有丝毫置疑）转为互动型管理了。这其中，员工扮演了一个重要的角色。员工拥有无比巨大的潜能，只要发挥得当便能为企业创造更高的效益。而管理者所要做的便是顺应这样的潮流，采取各种手段来引爆员工的潜能。

一个合理规范的规章制度，能激起员工内在的潜能，更好地促使企业走向辉煌。

金钱激励与精神激励相结合

高薪是激励员工的有效手段，但显然，仅仅是高薪不能解决一切问题，只有虚实相间，才能把虚和实的效用都发挥到最大。

在现实当中，管理者通过提高薪水来打消员工的不满或者期望给予激励的做法屡见不鲜。那么，在所有能够对员工产生激励的因素里，薪酬究竟处在怎样的位置？

不妨先来看一看金钱激励的几个特点。

1. 边际效果递减

边际效果递减是指：假设用同等数量的金钱不断对同一个人进行激励，那么它产生的效果会越来越小。反过来说，要得到同样的满足感，需要的金钱一次比一次多。看一个小例子：

月薪是 1000 元时，给你加薪 500 元，你的感觉是：超乎想象、受宠若惊、绝对满意。

月薪是 2000 元时，给你加薪 500 元，你的感觉是：超出预期、美滋滋的、比较满意。

月薪是3000元时，给你加薪500元，你的感觉是：我应得的、顺理成章、没有满意也不会不满。

月薪是5000元时，给你加薪500元，你的感觉是：少了点，我就这么不值钱吗？可能不会发牢骚，但肯定不会很满意。

月薪是8000元时，给你加薪500元，你的感觉是：一次才涨500元，开我玩笑吗！？

不难看出，当一个人月薪8000元的时候，500元的加薪已经没什么效果可言了。相反的，这时要想产生月薪1000元时500元的加薪带来的满足感，你可能要付出3000元、5000元甚至更多的薪水。

2. 短时性

金钱激励（特别是小额激励）带来的效果通常难以持久，你很少看到有人在加薪半年后还像上紧的发条一样充满能量。别说半年，效果能持续两个月就很难能可贵了。加薪带来的激励总是在短时间内奏效，然后随着时间的推移趋于平淡，直到下一次加薪的来临，从这个角度来讲，金钱激励只能治标，难以治本。

3. 不经济性

这主要表现在两个方面：一方面，大幅度的金钱激励虽然可以获得所期待的激励效果，但如果付出的代价太大，以至于超过了激励所带来的回报，从企业的角度讲这种做法是不经济的。另一方面，由于工资刚性，薪水的提高很容易，但下降却很困难，如果给下属加薪后你发现没有达到预期效果转而给下属降薪，那会给下属的热情和士气带来极大的打击，相应的，下属的绩效也会跟着大受影响。所以，总体来说金钱激励的做法是不经济的。

4. 陷入恶性循环

通过上面的三点不难理解，如果仅有金钱激励一种手段，那么每一次的加薪都无法在长时间内取得预期的效果，并且会迫使下一次加薪更快来临。如此往复循环，整个企业的业绩难有质的改善，人工成本却越来越高，直到有一天入不敷出。所以，单纯的金钱激励是一种"自杀性"的恶性循环，是一条无休止的无间之路。

其实，赫茨伯格的双因素理论已经阐明了这一点。他认为：每个人都会在自己的工作中寻求满足自己特定的基本需要，从而不会引起自己的不满。这些基本需要被称为保健因素，包括工作条件、安全、薪酬、福利等等，缺少这些因素会引发对工作的不满，但它们的存在并不具备真正的激励的作用；真正的激励因素包括成就、对成就的认可、工作本身、责任和晋升，这些才是真正驱动员工获得成功的动力所在，也是管理者应该追求的。

当你的大部分员工在享受你的激励而非无动于衷的时候，你就可以拿出更充足的资金使自己员工的薪酬待遇具有竞争力。如此一来，激励因素又巩固了保健因素，与金钱激励相比，"自杀"变成了"自救"，恶性循环变成了良性循环，这才是成功的管理之道。

将企业与个人目标相结合

目标管理是企业管理的重要内容，目标是一个企业的努力方向，在实现之前，它只是一盏可望而不可及的明灯。但是，这个目标订立得越合理，实现它，使之由虚转实的可能性就越大。而如果把一个企业的目标与员工的个人目标有机统一在一起，目标则成了虚与实的完美结合体。

管理大师彼得·德鲁克发现，一项既定的目标，即使是十分科学的，要他人来认知和认同也是十分困难的。然而，如果一项管理目标不能被员工所接受，并转化为员工自己的目标，那么这项目标的实施就会遇到障碍。只有那些实现了"上下同欲"的目标，才能充分调动执行者的积极性、主动性和创造性，使管理目标得到切实有效的贯彻和执行。怎样才能做到这一点呢？德鲁克认为，请员工参与目标的制定是有效的手段之一。

目前，在西方的许多企业中都实现了目标管理。德鲁克指出，目标管理的精髓就在于实现了组织目标和个人目标的完美结合，而其中最关键的一环就是：请员工参与目标的制定。这种原则在管理学中是至为重要的。在一起制定目标的过程中，因为各个下属部门或个人都会根据自己的需要，从自己的利益出发，提出对即将制定的目标的种种建议或见解，争论是不可避免的。但就在这一过程中，管理者却可以洞察到目标的确立应遵循什么样的原则才能更为下属所认同，而不至于使提出的目标高高在上，不合民意。另外，在这一过程中，正确的意见得到阐述，偏执的意见也会得到自我修正，实质上也是一个教育、说服和发动的过程。

对于员工来讲，他们需要的是一种实在的"主人翁"的感觉。请员工参与目标的制定，认识到目标决策的科学性，从而自然而然地产生了与管理者一致的看法，相应的，主人翁的责任感也就油然而生了，促使目标的付诸实施也就会成为他的自觉行动。特别是在一些大型组织中，因为不可能每个人都参与目标的制定，所以派代表参与成为最切实可行的办法。如果代表们对决策目标产生了认同，那么他们就不仅会身体力行，而且会以极大的热情对目标进行宣传，使目标得到更深层面的认同，以至得到衷心拥护。此时，因为这项决策目标在情感上得到了员工的认同，员工就会自觉地把它化成自己的目标，那么，目标的实现就不仅仅是依靠其科学的内容对员工的感召，更重要的是员工为实现目标而做自觉的努力。

请员工参与目标的制定，无疑会有许多问题产生，如浪费时间，议而不决，与管理者初衷背道而驰的意见占了上风等等。但这些问题不是原则本身的错误，而是操作上的不当造成的。管理者与员工一起制定目标时，一定要注意以下几个方面。

1. 限定主题

在共同确立目标的开始，管理者要提出自己对目标的设想，为参与者指明方向，提供思路，防止参与者将一些无关紧要的事情也扯进来，分不清主次，或扯到另外的问题上去，导致浪费时间，偏离决策目标。但管理者提出的对目标的设想又不宜十全十美，有时即使管理者有能力把目标设计得十全十美，也要在提出目标最初的设计方案中有所疏漏。因为只有员工觉得一个十全十美的目标，是在自己的批评和建议下形成的，才会对目标产生更强烈的认同感。如果宣布的目标已经无可挑剔，参与变成了上传下达，那么共同制定目标就没有什么意义可言了。

2. 协调纷争

在共同制定目标的过程中，因为各部门和个人都是从不同的利益角度出发而提议的，因此，争论是不可避免的。两军对垒、三足鼎立、吵得不可开交的事情会时常发生。如果此时管理者缺少统揽全局的艺术，就会导致议而不决，甚至矛盾激化。管理者在完善目标，对各方达成一定程度妥协，使目标在更为广大的范围内得到接受时一定要清楚，即使强行执行的正确目标也比自愿执行的错误目标更行之有效。

3. 信息共享

共同参与目标的制定是要创造一种广开言路、百花齐放的氛围。但管理者常常会发现在这些观点中有些明显不合时宜、漏洞百出或没有见地与深度，不是纠缠于鸡毛蒜皮、枝梢末节，就是在员工中形成一种占上风的错误倾向，结果就只能是时间的浪费或管理者与员工间的尴尬和僵局。

解决这个问题的方法在于：必须给员工提供充分的事实资料，以使其制定目标时有所依据。这就是信息共享。信息共享应该成为一种体制以纠正仅在猜想或推测上打圈圈的争论，以及只根据一些表面的证据和极不充分的情报便作出决定等现象。

没有什么比员工把企业目标作为个人目标能产生更大的生产力的了，这等于抓住了提高管人成效的"七寸"，在这个虚与实的结合点上，一切问题都变得容易解决。

不同的对象采用不同的激励目标

员工工作的一个重要动力就是为实现一定的目标而奋斗。任何一个员工都有自己所期望的目标，如何运用这种目标动力去激发员工的积极性，是企业领导者的一种管理艺术。正如联想集团董事会主席柳传志所说："目标是最大的激励，给员工一个值得为之努力的宏伟目标，比任何物质激励都来得实在，也比任何精神激励都来得坚挺。"

联想集团的目标激励在不同时期有不同的做法。这种变化尤其体现在对不同激励对象所选择的不同目标上。

第一代联想人100%是中国科学院计算所的科研人员，他们的年龄在40岁至50岁之间。和同龄的中国知识分子一样，他们富有学识但自感得不到施展，一面是看着国家落后，一面是自己不能更好地为国家多做一点事。所以这批人的精神要求很高，他们办公司的目的一半是忧国之忧，另一半是为了证明自己拥有的知识能够变成财富。这种要求对于他们尤其重要，办公司是证明他们价值的最后的机会。他们对物质的要求也不太多，旧体制下他们的月收入不足200元，当公司每个月能够提供400多元薪水的时候他们就很知足。

归纳第一代联想人的总体特征，有三点值得注意：一是事业要求极高；二是集体荣誉感很强；三是物质要求不高。针对他们的目标激励，也要与此相适应。因此，联想在这一时间的激励也体现出事业目标激励、集体主义精神培养、物质的基本满足这些特点。

公司初创时期人数只有100多人，在研究所时彼此相识相知，对旧体制弊端都有共同的感受，因此很容易在未来的事业目标上达成高度一致。如今依然在联想影响很大的一些思想和价值观都是在这一时期形成的。例如，"把5%的希望变成100%的现实"，"看功劳不看苦劳"，"研究员站柜台"、"斯巴达克方阵"等等,这些构筑起联想文化的主体。

那时公司经常开会,一个好消息几分钟就传遍,员工走路都健步如飞,上上下下 100 多人团结得跟一个人似的。这就是当时的联想。初期的联想给员工最多和最大的激励是他们的事业,他们的理想和他们的目标。当然,他们的收入也有了相当大的改善。但是,与精神方面的激励相比,物质方面的注重程度和实际效果就显得微不足道。

从 20 世纪 80 年代末开始,联想的情况有了一些新的变化,变化的原因来自于新员工的大量加入。从 1988 年起,联想从中国科学院以外的渠道吸纳人才。先是从一些名牌大学招收研究生和本科生,刚开始时,招收的人数并不多。1988 年招收了几十人,1989 年招收了几十人,1990 年招收了上百人。从学校招来的应届毕业生虽然热情很高,但工作经验很少,于是联想又通过刊登广告和在人才交流中心招聘具有在其他企业工作经验的员工。

到 1991 年的时候,联想北京总部有 600 多名员工,其中 50% 至 60% 的员工到联想以前与中国科学院没有任何关系。他们和老一代联想人在价值观方面有一定的差别。比如,新一代联想人在荣誉感方面也承认集体主义,但更多的是要突出个人的价值,而不像老一代联想人那样为了集体的荣誉宁愿牺牲自己。

此外,从当时的社会特点来看,人才流动已成为一种普遍的社会现象。人们"从一而终"的职业观念开始动摇,"人往高处走,水往低处流",有一技之长的人大多在寻找适合自己的企业和岗位。大量流动的人才除去实现自我价值的理想以外,还有明确的物质要求,这其中包括工资、福利和住房。

为什么会出现这种变化呢?

首先,这批 30 岁左右的年轻人既看到了长辈们在物质方面的贫穷,也亲身经历了这种贫穷,同时也知道了美国的富裕给人们带来的难以抵挡的诱惑,因此他们害怕贫穷;其次,经过多年的孕育,人才市场已经初步形成,严格按市场经济规律办事的外资企业、合资企业和新型企业可以不按政府规定的工资标准给人才开出高价,只有国有企业这个时候还在执行统一的工资等级制度。

这种变化给联想的目标激励提出了新的课题。新一代联想人承认集体的作用,但是很难做到像老一代联想人那样甘愿作一颗默默无闻的螺丝钉。他们强调自己与众不同的价值,必须在工作中明显表现自己的作用。如果在这个方面不能使其满意,就可能给联想的管理带来麻烦。

另外,新一代联想人虽然对事业和理想的追求与老一代联想人一样强烈,但在他们看来,他的工作值多少钱企业就应该给他们多少钱,这完全是必要的。企业如果要求他们提高觉悟,在物质方面完全向老一代联想人学习,他们更可能认为这是愚昧。在职业观念方面,美国的职业观念表明企业是企业,家庭是家庭,联想如今的情况更接近美国。

联想员工薪水收入的大幅度提高是在 1990 年以后,这其中涉及的原因很多。一是国家物价水平上涨,二是联想自身积累的高速增长,还有一个很重要的原因就是员工对激励要求的变化。另外,公司在福利方面也有了突出的变化。例如仅商品房一项,1991 年至 1995 年为员工解决的住房就有 200 多套。30 岁出头的联想骨干绝大多数都能享有三室一厅的住房,这在北京已足以令人羡慕。员工每年还可以有 10 天的带薪休假。

如果说,联想过去的目标激励着重精神方面的话,那么联想今天的目标激励则朝着重物质的方向迈进。

不要一味服从,而要激发团队活力

杰克·韦尔奇曾在其中国之行中坦率地指出,中国经理人只知道一味地服从上司,却不知道如何激发整个团队的热情和他们的积极性。

韦尔奇有四大选人标准:首先是活力,一个优秀的人必须要充满活力;其次就是要让整个团队感到振奋,把团队成员的积极性都调动起来;

接下来还有决策力和执行力。

在韦尔奇眼中，中国经理人拥有旺盛的精力，并且能较好地执行上级下达的任务，但是缺乏激励能力。而事实上，大部分中国的经理人都很忙，他们经常都是亲力亲为地处理大小事情。当一天24小时用完后，他们的价值也就到了尽头。

对自己的团队没有信心当然是不敢下放任务了，而最根本的问题就是韦尔奇所指出的：必须要激发整个团队的热情和积极性。经理人依靠出色的自我管理能力取得初步的成功，而要成为真正出色的经理人必须同时拥有出色的管理别人的能力。

团队的整体表现有赖于领导者成功的带领。一个好的团队领导者，所要做的工作包括理清团队目标、建立团队共识与自信、提升团队工作技巧、消除外界障碍等。他必须以团队为第一优先，自己则居于候补的地位，不强求本身的表现。

团队领导者应有正确的观念：只有在需要他时才表现，要尽量把机会让给其他成员，甚至为他们创造表现机会。这并不表示完全放弃掌握，一旦成员需要帮助及支援时，更要全力帮助他们达成任务。

同时，经理人要让员工觉得在这个企业呆下去很有期望，有可以争取到的东西，例如加薪、晋升、出国进修等。只有有期望才有干劲。另外，还必须给员工一定的压力，没有压力就没有动力。一些企业通过绩效考核采取末位淘汰制就是为了要给员工增加压力。

有竞争才能出成绩，当然，只有公平竞争才能起到激励作用，而且，竞争也要把握好度。比如，在30名销售员中只奖励最高销售量的人，这起不到激励作用，因为竞争过头了。这时若设计多几个奖励名额，就能起到激励作用。也就是说加强组织的合作精神。一方面压制破坏性、恶意竞争性行为；另一方面鼓励从团体利益出发的行为。除了表扬项目经理的业绩外，经理人同时要肯定协作员工的贡献。

● 第 09 章 ●

制度规范：完善的制度成就伟大的公司

建立健全组织机构

为了实现一个目标是组织成立的根本原因,组织是为了实现目标而结成的人的集合。组织,作为一个系统,它不是要素的简单相加,而是对要素有着放大或缩小的作用,这就是组织效应。组织效应来源于组织结构,最优的结构才有最佳的功能。

爱迪生,是人们所熟悉的大发明家,一生中有2000多项发明,平均13天一项。这么多项发明对于一个人有限的精力和生命来讲,实在是不可思议的。但是,爱迪生却把它变成了现实,这其中的奥秘就是爱迪生实验室。爱迪生实验室充分体现了"1+1>2"的组织效应,可以说,出自爱迪生实验室的研究成果远远要多于在其中工作的人员独自努力成果的总和。

早在2000多年前,古希腊哲学家亚里士多德就提出了一个著名的论点:整体大于各部分相加之总和。当时人们不理解这增加的部分从何而来,因而称它为"整体悖论"。然而,这种"整体悖论"的现象是随处可见的。手握成拳头要比所有的手指出击有力量;人类双眼的视敏度不是单眼的两倍,而是6~8倍;不仅如此,双眼还能形成立体感,而这靠单眼是根本不可能实现的。在生产领域,流水线的作业要比同样数量的个体独立完成作业的效率高出几十倍。在科技领域,20世纪40年代的"曼哈顿工程"、60年代的"阿波罗计划"、80年代的"尤里卡计划"等创造的斐绩,无一不说明组织是这样一个群体——它能够达到个人想达到却达不到的目标。

一个企业的组织结构可分为直线制组织机构、职能制组织机构、直线——职能组织机构、矩阵制组织机构等,这些组织机构各有优缺点,但一个组织机构要满足什么条件才算是一个完善的组织机构呢?

第09章
制度规范：完善的制度成就伟大的公司

1. 职能互补

在欧洲有一种很有趣的说法，很富有哲理：什么是天堂——天堂，就是英国人当警察，法国人当厨师，意大利人谈情说爱，而由德国人来组织一切；什么是地狱——地狱，就是法国人当警察，英国人当厨师，德国人谈情说爱，而由意大利人来组织一切。这说明，即使对于同样的要素，如果采取不同的组合方式，也会产生截然不同的整体效果。而好的整体效果，来自于要素上的职能互补，各取其长。

日本早稻田大学社会科学部教授冈泽宪芙在论及政党时曾说："一个充满活力，有战斗力的政党应该由这样一群人组成：有拉票能力的魅力型候选人，有信赖感的首相候选人，有政策能力的优秀政策家，有集资能力的资金筹措者，有谈判能力及议会运营专门知识能达成妥协和合意的技术人员，能够使平凡的候选人和陈腐的政策产生魅力的商品价值并能向政治消费者加以提示说明的优秀宣传员，以及能制作使外界舆论有好感的舆论工作计划和善于同宣传媒介交往的报道员等。"可见，对于一个现代的政治组织，实现其成员的职能互补是多么重要。

2. 素质互补

组织结构中职能互补的要求是指"你会我不会，我会你不会"的横向结构。但任何一个组织都是立体的，而不是平面的。这就要求在建构组织时，不仅要有合理的横向结构，而且要有合理的纵向结构。拿破仑曾经有一句名言："一头狮子率领的一群羊能够打败一只羊率领的一群狮子。"这句话很形象地说明了一个组织内部具有合理的纵向结构，即由谁领导、由谁执行的重要性。

"曼哈顿工程"是一个非常典型的例子。造原子弹是爱因斯坦带头建议的，他又是当时世界科学界的泰斗，似乎"曼哈顿工程"的技术领导者非他莫属了。可是当时美国政府为了寻觅这项工程的领导者曾经费尽心机，最后选中了奥本海默。奥本海默当时不过是一位二流物理学家，但他因"知识面广，善于团结人，有组织才能……"而被选中。事实证明选对了，几年之后原子弹爆炸了，人类从此进入原子能时代。假如选爱因斯坦将是什么样的结果呢？他虽有卓越的科研才能，但生活都不能自理，有时出门散步连家门都找不到，怎么去领导几十万人的大工程呢？当然，爱因斯坦深知自己只是一个实干家，而非一个领导者，所以当以色列要选他当总统时，他坚决拒绝了，因为他自知是不能胜任的。

原子弹没有爱因斯坦不能爆炸，没有奥本海默也不能爆炸，可以说是爱因斯坦和奥本海默的合理组合才诞生了原子时代。

"一个优秀的组织要有合理的纵向结构，其成员要实现素质的互补。"西方一些学者在谈到这个问题时认为：高瞻远瞩，有战略眼光的人可以断；思维敏锐，善于系统分析的人可以谋；能抛头露面，冲锋陷阵的实干家可以行。巴顿将军在这个问题上也有一段精辟的论述，他说："又懒又聪明的兵可以当统帅，又勤快又聪明的兵可以当参谋，又懒又愚蠢的兵可以当卫士，而又勤快又愚蠢的兵是不该留在军队中的。"

建立严格的用人制度

制度需要严格执行，已是不争的事实。企业在用人时更要如此，在用人方面日趋严格，这已经是大势所趋。松松垮垮的领导只会把一个团队搞成一盘散沙，无法协作工作。具体来说，用人制度包括权限制度、升迁制度、培训制度、奖惩制度以及福利制度。

所谓的权限制度其实就是一家企业的架构，规定每位员工在企业中的权限以及义务等内容，从企业主、管理阶层一直到最基层的员工，视企业规模而定。以我国目前现状来看，企业大多由企业主身兼管理阶层的角色，这是中小型企业常见的形态，对于任何一家企业来说，只要有员工，就必须要设定每位成员的权限和义务，也就是要各司其职，这是最基

第 09 章
制度规范：完善的制度成就伟大的公司

本的。

升迁制度，就是要让有能力的员工有机会向更高层的职位升迁，承担更大的责任和挑战，实现员工的个人价值和企业的价值最大化。如同古人常说的一句话：人往高处走，水往低处流。只要是有能力的人，一定不甘于长久处在卑微的职位，必须要发掘出来并放在合适的位置上，让他的能力得到最大限度的发挥。相对来说，小型企业较缺少这方面的资源，因为企业规模不大，没有足够的升迁途径，也就限制了人才能力的发挥。不过，作为小型企业未必就没有机会留住好的人才，关键是看企业主有没有这样的胸怀。

培训制度，是一家企业保持竞争力的重要手段。知识经济时代的竞争，说白了就是人才的竞争。但遗憾的是，在我国绝大多数企业都没有意识到这一点。一般的企业除了会对新进员工会进行一些教导工作之外，其后的职场生涯完全就是靠员工个人的修行了，不但得不到企业的支持，更别提企业对员工进行系统化的教育和培训了。其实，企业最重要的资源不是财物，而是人才！因为在如今这快速变动的时代，人才才是最重要的资产。虽然有许多工作可以交给机器去做了，但是机器是永远替代不了会思考的人的，人的价值远大于机器。

奖惩制度，是保证一家企业能够维持工作纪律，进行正常运作，并且让员工产生一种公平、合理的竞争心理，是维持员工向心力的一种外在环境。奖惩制度的原理就是设定公平的规定和目标，并且以达到规定和目标与否来进行评判员工的工作表现的机制。这种制度也可以同时与升迁制度进行必要的横向联系，让员工产生更大的工作诱因，并因此而形成一种良性循环。

福利制度则是每一家企业都必须要建立的，因为这也是维持员工向心力的一种有效手段。福利的内容因企业而异，看企业本身的能力来定，这并不要求某家企业有哪些福利就要照搬过来用在自己身上，这是不现实的。建立完善的福利制度表面上看来减少了企业主的利益，但是实际上，员工的待遇提高后，通常工作积极性都会得到很大的提高，也就是工作效率得到提高，直接替企业创造更多的效益，作为企业主当然是得到更多的利益了。

以上所列的各种制度都属于用人制度，各种制度都可以独立运作，并且也能够互相影响，其中的某些制度可以同时相结合以便利于工作的展开，所以一般有规模的企业都会设立专门的人事部门来负责这一方面的工作，以便严格执行上述用人制度。

著名企业马克西姆餐厅的用人制度十分讲究，对于员工严格任用、严格管理，使每个员工素质都很高。

严格任用就是用高标准来要求员工，以事择人，不能勉强。一旦发现用人上的失误和漏洞要及时修正，不能将就。马克西姆餐厅有着严格的等级制度，在提升和任用各级管理人员时，他们有着十分严格的标准。不够条件或条件不成熟的，决不轻易升迁。没有达到领班水平的，绝不能提升为领班，即使在领班短缺的情况下，也不可改变这一原则。这样做的结果是最大限度地保证了每一级工作人员的水平，有利于提升整个餐厅的服务水准。

严格管理主要体现在各项规章制度上。马克西姆餐厅从卫生条件到服务，甚至到回答客人的各种问题，都有严格的规定。内容全面具体，任何员工都不得违反。例如有这样一条规定：对顾客提出的任何问题，永远不能回答不知道。如果遇到自己不清楚的问题，应向客人说明，马上去问，然后给顾客一个满意的答复。这在服务人员中已经形成了一种职业习惯，即必须尽力给顾客以满意的回答。

规章制度的建立并不困难，难的是长期有效地执行。马克西姆餐厅在这一点上，有它自己的独到之处。虽然它们也像其他企业一样有着严格的惩罚条例，但它们似乎更注重调动工作人员的积极性，使他们能够比较自觉地遵守各项制度。

有章可循是用人的关键点，在管理中落实下去也同样重要。不能随意姑息迁就，否则就会使企业疏于管理而陷入混乱。只要全体工作人员都能认真主动地工作，就能够给企业带来财富。

设计好薪酬制度

工资是企业付给员工的合理报酬。它应当是公正的，而且应尽可能使员工和企业管理者都感到满意。报酬率首先取决于不受领导和员工思想左右的环境，如生活费用、人员的余缺情况、一般经营条件、企业的经济地位等；其次取决于采用的支付方式。常见的工资支付方式有计时、计件、包工三种。这些方式各有利弊，其效果取决于环境和领导人的能力。支付方法和报酬率有赖于管理部门的能力和才智，工人的热忱和车间的平静气氛也在很大程度上依赖于它们，如果运用得好，即可激励员工的干劲。

既然薪酬在激励中具有重要作用，领导者在设计与管理正规化的薪酬制度时，应遵循以下原则：

第一，公平性原则。

企业职工对工资分配的公平感，也就是对工资发放是否公正的判断与认识，是企业在设计工资制度和进行工资管理时首先需要考虑的因素。这里的公平性包括三个含义：本企业工资水平与其他同类企业工资水平相当；本企业中同类员工工资水平相当；员工工资与其所作的贡献相当。

第二，激励性原则。

企业在内部各类、各级职工的工资水准上，适当拉开差距，真正体现按贡献分配的原则。平均主义的"大锅饭"分配制度的落后性及其奖懒罚勤的负面作用，人们分析得已经很多了，这里不再赘述。

第三，竞争性原则。

在社会上和人才市场中，企业的工资标准要有吸引力，才足以战胜其他企业，招到所需人才。究竟应将本企业摆在市场价格范围的哪一段，当然要视本企业财力、所需人才可获得性的高低等具体条件而定。但要有竞争力，开价至少是不应低于市场平均水准的。

第四，经济性原则。

提高企业的工资水准，固然可提高其竞争力与激励作用，但同时不可避免地会导致人力成本的上升，所以工资制度不能不受经济性原则的制约。不过企业人力资源主管在考察人力成本时，不能仅看工资水平的高低，还要看职工所能取得的绩效水平。事实上，后者对企业产品的竞争力的影响，远大于成本因素。也就是说，员工的工作热情与革新精神，对企业在市场中的生存与发展起着关键作用，若过多计较他们的工资给多给少，难免因小失大。

建立竞争机制

我们正处在一个充满竞争的时代，管理者必须重新界定自己和企业的地位。无论你的企业是营利性的或非营利性的，都必须面对高利润企业的高效率竞争，若不及时反省管理规律，随时都有可能惨遭淘汰。

管理者应向部属说明企业竞争力的重要性。强有力的竞争，可以促使员工发挥高效能的作用。因此，在对下属的管理中，引入竞争的机制，让每个人都有竞争的意念并能投入到竞争之中，组织才会永远保持活力。

心理科学实验表明，竞争可以增加一个人50％或更多的创造力。每个人都有上进心、自尊心，耻于落后。竞争是刺激他们上进的最有效的方法，自然也是激励员工的最佳手段。没有竞争，就没有活力、没有压力，组织也好、个人也好都不能发挥出全部的潜力。

第09章
制度规范：完善的制度成就伟大的公司

美国企管专家认为，没有竞争的后果，一是自己决定唯一的标准，二是没有理由追求更高的目标，三是没有失败和被他人淘汰的顾虑。

当前，许多企业办事效率低下，效益不高，员工不思进取，懒散松懈，从根本上说，是缺乏竞争的结果。鉴于此，要千方百计将竞争机制引入企业管理中。只有竞争，企业才能生存下去，员工才能士气高昂。

竞争的形式多种多样，例如，进行各种竞赛，如销售竞赛、服务竞赛、技术竞赛等；公开招投标；进行各种职位竞选；用几组人员研究相同的课题，看谁的解决方式最好，等等。还有一些"隐形"的竞争，如定期公布员工工作成绩，定期评选先进分子等。你可以根据本企业的具体情况，不断推出新的竞争方法。

竞争中要注意的问题是竞争的规则要科学、合理，执行规则要公正。要防止不正当竞争，培养团队精神。有些竞争不但不能激励员工，反而会挫伤员工士气。如果优秀者受到揶揄，就是规则出了问题，不足以使人信服。

竞争中任何一点不公正都会使竞争的光环消失，如同一场裁判偏袒一方的足球赛。如竞选某一职位，员工知道领导早已内定，还会对竞选感兴趣吗？如进行销售比赛，对完不成任务的员工也给奖，能不挫伤先进员工的积极性吗？失去了公正，竞争就失去了意义，只有公正才能达到竞争的目的。

凡是竞争激烈的地方，都经常发生不正当竞争，如不再对同事工作给予支持，背后互相攻击、互相拆台；封锁消息、技术、资料；在任何事情上都成为水火不相容的"我们和你们"；采取损害公司整体利益的方法竞争等，这些竞争势必破坏团队精神。企业的成功依赖于全体员工的团结、目标一致，而不正当的竞争足以毫不含糊地毁掉一个组织。

为了避免不正当竞争的弊端，首先要进行团队精神塑造，让大家明白竞争的目标是团队的发展，"内耗"不是竞争的目标；其次是创造一个附有奖励的共同目标，只有团结合作才能达到；再次是对竞争的内容、形式进行改革，剔除能产生彼此对抗、直接影响对方利益的竞争项目；复次是创造或找出一个共同的威胁或"敌人"，如另一家同行业的公司，以此淡化、转移员工间的对抗情绪；最后是直接摊牌，立即召见相关方面的人员把问题讲明白，批评彼此暗算、不合作的行为，指出从现在开始，只有合作才能受到奖励，或者批评不正当竞争者，表扬正当竞争者。

不可否认，竞争确有负面的影响，尤其在员工素质较差时，可能会出现一种无序的恶性竞争或不良竞争，影响企业的发展。但竞争的好处是显而易见的，利大于弊，领导者还是大胆地鼓励竞争吧！只有平庸的人才害怕竞争。

坚决抛弃法不责众的思维定式

生活中，有的管理者认为，在出现问题时，只有照多数人的意见办事才不会把事情闹大，才能和平地收拾局面。其实不然，这样不讲原则，迁就多数，势必后患无穷。

现代社会讲民主，因此，少数服从多数成了理所当然的事。如果这个多数是由知识水准较高的人组成的，当然没有问题。但是，如果这个"多数"的组成分子都是些素质不高的人，那多数人的意见就不一定正确。

重要的是对既定制度的维护，违反了制度就是错误的。

有些居心叵测的人很会蒙骗群众，以"多数"作后盾而提出无理要求，这样的"多数"也无须服从。在这种情况下，管理者可能会显得孤立，但这并不可怕，这种孤立必定是暂时的。

有这样一件事，某厂有个工人盗窃了厂里的产品，数量虽然不很大，但性质肯定是偷盗。因为这人是老工人，平时找他帮忙的人很多，都与他有点交情，于是，很多人都为他求情，只有厂长坚持要依法处理。

第09章
制度规范：完善的制度成就伟大的公司

有人就说："少数服从多数嘛。"厂长理直气壮地说："厂规是厂里大多数人通过的，要服从，就服从这个多数。"

一时间，厂长似乎有点孤立，但时间一长，理解和赞同他的人便越来越多，而偷盗厂内财物的情况也从此大为减少了。

在这件事中，如果听了大多数人的意见，不加处理，或轻加处理，不仅厂里的偷盗之风会愈演愈烈，厂规厂纪也将成为一纸空文。届时，厂长威信扫地，这才是真正的孤立呢。

不仅处理问题如此，实施新规定也应如此。

新的意见和想法一经提出，必定会有一些反对者。其中有对新意见不甚了解的人，也有为反对而反对的人。一片反对声中，管理者犹如鹤立鸡群。这种时候，也要学会不怕孤立。

对于不了解的人，要耐心地向他说明道理，使反对者变成赞成者。对于为反对而反对的人，任你怎么说，恐怕他也是不想接受的，那么就干脆不要寄希望于他的赞同。

只要真理在握，反对者越多，自信心就要越强，就要越发坚决地为贯彻目标而努力。

有家商店，店面虽然不大，地理位置却相当好，由于经营不善，连年亏本。新管理者一上任，便决意整顿。

他制定一系列规章制度，这一来就结束了营业员们逍遥自在的日子，因此遭到一片反对之声，新管理者被孤立了。但他坚持原则，说到做到。

结果不到两年，小店转亏为盈。当年终颁发奖金的时候，一个平时最爱在店堂里做手工活，因而反对新规定也最坚决的女士说："嗯，还是这样好。过去结绒线，一个月顶多结一两件，现在这些奖金足可以买几件羊毛衫了。"

管理者以法不责众的做法求得一时的不孤立，最后只会更加孤立。假若他当时不搞改革，弄到工资也发不出的地步，他还能不孤立吗？

管理者在管人的过程中一旦形成"法不责众"的思维定式，就会束手束脚，就会丧失原则。管人者欲求大多数人的支持，创造积极的管人局面，就必须坚决抛弃这种思维定式才行。

制度好坏决定着结果

企业管理不仅要有制度，而且制度一定要好、要合理，因为很多情况下，制度的好坏对于组织的效率和生命力具有决定性，而且企业发展过程中出现的不少问题也是由制度造成的，即制度的好坏往往决定着结果好坏。

不同的分配制度，就会有不同的风气。所以如果一个企业工作习气不好，往往可能是机制问题，机制不够合理、完善，没有严格的奖勤罚懒。如何制定这样一个最适宜的制度，是每个领导需要考虑的问题。

第二次世界大战中的一个真实故事也说明了这个问题。在战争中扮演了重要角色的美国空军，为了降落伞的安全性问题与降落伞制造商发生了一段纠纷。当时降落伞的安全性能不够，合格率较低。厂商采取了种种措施，使合格率提升到99.9%，但军方要求产品的合格率必须达到100%。厂商认为这是天方夜谭，他们一再强调，任何产品也不可能达到100%合格，除非奇迹出现；99.9%的合格率已经相当优秀了，没有必要再改进。

99.9%的合格率乍看很不错，但对于军方来说，这就意味着每一千个伞兵中，会有一个人的降落伞不合格，他就可能因此在跳伞中送命。后来军方改变了检查产品质量的方法，决定从厂商上周交货的降落伞中随机挑出一个，让厂商负责人装备上身后，亲自从飞机上跳下。这个方法实施后，奇迹出现了：不合格率立刻变成了零。

原本认为不可能的事，制度一改，奇迹就发生了。关心自己的利益是人的本性，怎样让制度顺应这种本性，以此激发人的工作热情，是制度设计者需要深思的问题。

制度是贯彻执行力的保证

制度是根本，是准则，是约束的利器，其效力就在于执行。任何活动都是在一定的规则下进行的，由此可以说，良好的制度是执行的保证。

地处江苏泰州的春兰公司，在1990年以前还是个连年亏损的镇办企业，但到了1996年已成为我国最大的空调生产基地之一，其销售收入、实现利润、全员劳动生产率、人均创税等主要经济指标均居全国同行业之首，受到许多中央领导的表扬。面对春兰的崛起和迅猛发展，当时的人们不禁要问：春兰的成功靠什么？靠的就是"铁的条例、铁的纪律、铁的管理"。

其一，铁的条例。

春兰公司的决策者认为，生产力在松松散散中耗费是许多企业的致命弱点，要建世界一流的企业、出世界一流的产品、创世界一流的效益，就必须从人的初级行为开始进行严格管理，以法治厂。为此，春兰公司先后制定了干部职工行为规范、劳动管理等18项管理规章制度，对职工在企业内外的行为规范做了详尽的规定。同时，公司成立了总监察室，有权对各类违纪行为予以处罚，并建立公司、部、科三级监察网络，实施违纪监督；还建立了三级逐层考核机制，考核结果记入本人档案。在春兰的许多条例中，以严称著。以迟到为例，迟到一分钟罚款50元，第一次迟到给以劝告处分，第二次迟到给予警告处分，三次以上给予开除处分。受一次劝告处分，年底评先进、晋级、分房都受到影响。铁的条例使春兰员工养成了遵守纪律的习惯，有些职工为了按时上班，不惜坐出租车赶时间。

其二，铁的纪律。

在春兰公司，从总公司、中层干部到车间工人都有目标管理责任制，各司其职、各负其责。在规章制度面前人人平等,如有违反,不管是谁,一律按章办事。例如按规定,春兰职工进入公司必须佩戴身份卡。一次,一位高级职员忘了带身份卡,被拒之门外,他只好回家取卡,只因迟到4分钟而受到劝告处分,并扣除了当月全部奖金,一年的所有评比资格全部取消。尽管春兰公司对处罚一丝不苟,但绝大多数人心情舒畅,因为大家已形成了一个共识:"对犯规者有情,就是对企业无情。"铁的纪律严出了效果,近年来全公司旷工为零、犯罪为零、偷拿公物为零、暗干私活为零。

其三,铁的管理。

春兰的教育、劳动、技术、质量等数十项现代管理都是铁的,尤其是铁的质量管理。公司将质量意识渗透到全公司每个部门、每个人。每个上岗的一线工人都要经过严格的技术业务培训,考试合格后才可上岗操作。春兰公司的所有质量管理全部纳入了法制轨道,公司颁布了《技术管理条例》、《技术管理违纪处罚分类细则》等质量法规,一切违反技术操作规程、工艺流程要求的行为都要视情节轻重受到劝告、警告直到除名处分。同时,公司还加强产品质量的外延管理,派遣质量管理人员进驻协作厂家,现场监督配套零部件产品的质量。

可以说没有这"三铁",就没有春兰20世纪90年代的成功。春兰的成功,为我国企业管理制度的运用提供了许多值得借鉴的经验。

企业制定一套齐全、完善、协调的管理制度,是确保企业搞顺、搞活的重要基础。倘若企业缺乏制度的管理,势必脆弱无力,也很难将执行力贯彻到实处。所以要保证执行力,绝对离不开制度作保证。